中华武术文库

太极散手技理探究

Research on Techniques of TaijiSanshou

李信厚 著

人民体育出版社

图书在版编目（CIP）数据

太极散手技理探究 / 李信厚著. -- 北京：人民体育出版社，2021
 ISBN 978-7-5009-6009-6

Ⅰ.①太… Ⅱ.①李… Ⅲ.①太极拳－研究 Ⅳ.①G852.11

中国版本图书馆 CIP 数据核字（2021）第036687号

*

人民体育出版社出版发行
国铁印务有限公司印刷
新 华 书 店 经 销

*

787×960　16开本　11.5印张　132千字
2021年6月第1版　2021年6月第1次印刷

*

ISBN 978-7-5009-6009-6
定价：42.00元

社址：北京市东城区体育馆路8号（天坛公园东门）
电话：67151482（发行部）　　邮编：100061
传真：67151483　　　　　　 邮购：67118491
网址：www.sportspublish.cn

（购买本社图书，如遇有缺损页可与邮购部联系）

前　言

太极散手作为一门武功，是一项技击对抗极强的运动项目。相较其他综合格斗技术，其高明之处在于招法多变，讲究得机得势，更讲究"打化结合"，追求"曲中求直"，遵循"后发先至"的原则。而这些太极散手技击制胜秘诀也为武术名家所证实。如何将太极散手实战的优势展现出来，也为太极散手训练提供科学的理论依据，太极散手技理探究这一选题就是在此背景下提出的。

本研究目的在于梳理、总结太极散手实战原理，形成系统的太极散手实战理论体系。深刻理解和把握太极拳实战的深层机制，可为太极散手运动的发展提供哲学理论方面的支撑，使其在实践中创造性地转换运用，促进太极拳运动更好地发展。中国传统文化的"太极"学说、宋明"理学"理论等传统哲学的思想是太极拳的理论基础。太极散手技击体现着中华民族屹立于世界民族之林的价值观念、审美取向、道德伦理等深层次内涵。太极散手技击的一切都是紧密围绕着人的生命活动展开的，讲究"身心合一"和"知行合一"。太极散手文化以"阴阳整体观"和"天人合一"观为宗旨，以"道法自然"为原则，以"动静结合"和"刚柔虚实"为方法。传统的太极散手技术已经不再是一种技艺所能涵盖的，正如著名学者刘峻骧所言："从人体文化的角度对太极进行研究，需要把技术和艺术进行整合研究。"通过系统研究太极散手技击中蕴涵的传统哲学思想，形成独特的太极哲学理论体系，有利于更好地传承与弘扬太极拳文化。

　　太极散手技击原理探究论题的提出，既是对已有论点的盘点，也是对未来技击科学原理探索的导引。其间，既有思路开拓的问题，也有观念更新的问题。创新是基于传统文化元典之上的，历史的承接和空间的流迁铸造了文化运演的因果链条。因此，除了放眼当今、思考现实，还需要反观过去和追思未来。毋庸讳言，从古到今的中国武术文化长河，闪动着价值波光的同时，也夹杂着令人窒息的泥沙。春秋巨变，风雨濒临，世界发生了天翻地覆的变化。太极拳作为中国传统武术中的瑰宝，也是历史的丰厚遗产，作为巨大财富的同时，也可能成为巨大的包袱。因此，回顾和反观历史轨迹的欲望更为强烈，展望和追思未来航程的任务较为艰辛。推陈出新，建立一种技击理念不仅需要有深厚的文化底蕴和较高的技艺水平，更需要有承受质疑的勇气与胆量。"逢山开路，遇水搭桥"，这种全新的攻防理念和技术体系的架构没有前车之鉴，因此，本研究对于太极技击规律的梳理与运用具有现实指导意义。

　　本书共分为四章，具体如下：第一章导论；第二章厘清概念：散手、太极散手、国外格斗术之辩；第三章理通入道：太极散手实战原理探究；第四章炼体证道：实战技理对太极散手功夫修炼的启示。

　　全书撰写的逻辑思路如下：太极散手技击原理的梳理与归纳，首先需要建立在正确的太极散手的概念之上，给出科学的定义,这是构建太极散手技击原理体系的基础。在概念界定的基础上运用社会学、文化学、哲学原理,在翔实的文献资料实证的基础上,对太极散手实战技理中的"听劲""懂劲""道层"进行研究。站在文化传承与发展的角度,总结归纳出太极散手功夫实战的技理:太极散手由"听劲"而渐悟懂劲,由"懂劲"而及神明,"神明"即文化修养"道"的层面。在批判的继承和借鉴的基础上进行创新,构建太极散手技击理论体系。

  本书能够付梓,是众多人共同辛勤劳动付出的结果。感谢滕希望、张泽平、王丹、郝泽升、徐再贵、薛更新抽出宝贵时间帮忙校稿。本书在写作过程中参考了很多专家、学者的研究成果,谨致诚挚的谢意。由于个人学术水平和能力有限,书中还存在诸多不足之处,希望广大读者不吝赐教。

李信厚
2020年7月9日

目　录

第一章　导论……………………………………………（1）

　　第一节　问题的提出………………………………（2）

　　第二节　研究目的和意义…………………………（9）

　　第三节　研究思路和创新点………………………（14）

　　第四节　研究理论依据阐释和研究假设…………（16）

　　第五节　相关学术研究思想启迪…………………（19）

　小　结………………………………………………（37）

第二章　厘清概念：散手、太极散手、国外格斗术

　　　　之辩……………………………………………（39）

　　第一节　"散打""散手"之辩………………………（39）

　　第二节　太极散手之辩……………………………（43）

　小　结………………………………………………（69）

第三章　理通入道：太极散手实战原理探究………（70）

　　第一节　"指号学"理论和"形而上学"理论对太极散手

　　　　　　技理建构的启示………………………（72）

第二节　审视之法:"听劲"解构……………………（ 76 ）
　　第三节　具体操作:"懂劲"解构……………………（ 95 ）
　　第四节　感应随通:太极散手实战技理中"道"之
　　　　　　阐释…………………………………………（124）
小　结……………………………………………………（129）

第四章　炼体证道:实战技理对太极散手功夫修炼的
　　　　启示…………………………………………（130）

　　第一节　价值重构……………………………………（130）
　　第二节　理念创新……………………………………（133）
小　结……………………………………………………（162）
结　语……………………………………………………（163）
主要参考文献……………………………………………（166）

第一章 导 论

民族文化是一个民族发展的命脉，更是一个民族屹立于世界之林的立足之本。从文化发展的战略角度来讲，竞技武术改革、创新的目的是为了保护、推广中国武术文化，也是为了提高民族文化认同和自觉，提高民族文化自信。竞技套路和竞技推手是竞技太极拳推广的核心表现形式。套路运动向高难度、体操化、表演化趋势演变，技术动作的演练和本体内涵都已经失去太极拳核心的攻防含义。竞技武术将太极拳带入快速发展的车道，也导致了"武术技术的同质化和单一化"。竞技推手运动经过市场化的运作，逐渐形成较为规范的竞赛体系，已经取得良好的社会知名度。"曲高和寡，发展之殇"。太极拳术技击方法，在竞技推手竞赛中并未充分施展出来，竞技推手的专属特点不突出，当前竞技太极推手运动正在向自由摔跤的趋势发展。无论是套路运动还是竞技推手运动，其本体价值追求方向的偏离，直接导致技术体系构建比较单调，这些现实存在的问题对太极拳运动的发展产生了阻碍作用。

综上可知，针对太极拳在传承和推广过程中遇到的困境，应当追溯其本源，探究挖掘其核心价值，重构和完善太极拳运动的核心价值体系。

第一节 问题的提出

太极拳集技击、艺术、健身于一体，集技击之精华，摄养生之精髓，以深邃莫测的玄机妙法，开创了中国独特的搏斗功夫。其以中国传统哲学为思想基础，以传统兵家和中医养生为科学依据，注重内外兼修、形神兼备。但随着时代的发展，太极拳逐渐失去了其本质功能，更多地方体现在健身价值和养生价值。以太极拳套路为本体，太极推手为用，太极散手则是实战。当前，太极拳运动的发展面临着技术断裂、理念断裂及本体价值断裂等问题。在文化强国背景下，基于中国传统哲学思想和皮尔士符号理论重新审视太极散手的本体价值功能，追本溯源，审视太极拳运动存在的问题，在太极拳套路为本体的基础之上，梳理、总结太极散手实战原理，形成系统的太极散手实战理论体系，深刻理解和把握太极实战的深层机制，对于太极拳运动的传承与发展具有重要的时代意义。

一、发展之殇

站在文化学的视角，将太极拳运动作为一种文化现象进行系统的分析，首先需要厘清它的层次结构。王弼将艺术的结构分为"言""象""意"三层。西方哲学家皮尔士把包括语言在内的符号分为"征象、对象、释象"三个维度，"征象"指向"对象"，征象和对象因释象的勾连而被指和所指，三者都不能缺，缺一则不能称为"指号"。将皮尔士的三元理论运用于太极拳运动这种文化现象中，推而及之可以看出，太极中的"言""象""意"相应地可以和"征象、对象、释象"三层分别对应。人们首先看到的是"言"，其次"窥"到的是"象"，最后"意会"到由"象"所表达的"意"。"言"是"象"的基本构成元素，是作品的表层。所指"象"，是圣人将幽深晦涩的道理比拟为具体的形象容貌，由此可见太极拳的"象形取意"，这体现出中国武术特殊的文化思维取向，即太极在追求高超功夫的同时也追求内在意蕴的体悟。在了解其层次结构的基础上，对其发展现状予以分析阐述。

竞技太极推手和套路是现代太极拳运动发展的两条主线，彼此割裂，二者没有什么关联。竞技推手比赛，突出技击，在竞赛规则限制之内，利用规定的招法动作，以争取优异比赛成绩为主要目的；在武术进奥运的时代背景条件下，将西方竞技比赛量化评价体系予以引进；在"高、难、美、新"思想指导下突出套路演练的难度和美感，被深深地烙上了"体育化"的标签，失去本体特色，更失去了炫目的光泽。太极拳的发展面临许多困难，由此导致许多武术专业人士重新思考。对太极拳发展面临的问题深入反思，可总结得出太极推手与太极套路运动在发展过程中存在几方面的问题：首先，"言层"——技术断裂；其次，"象层"——理念断裂；最后，"意层"——本质断裂，如图1所示。下面予以详细阐述。

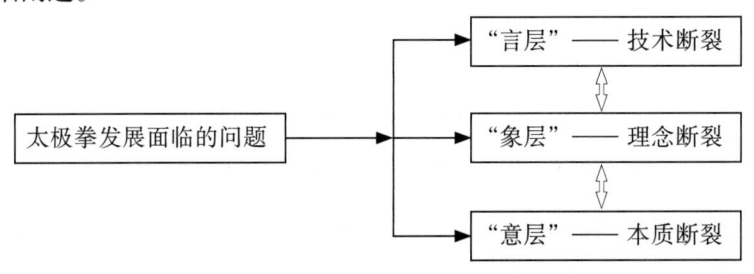

图1 太极拳发展面临的问题

（一）"言层"——技术断裂

"言"是"象"的基本构成要素，在太极推手竞赛动作体系中则表现为"捋、挤、按"等方法，在套路当中则表现为"步法、手法、腿法"等动作。与传统的技击相比，其目的和本质已然发生了很大变化。竞技太极推手比赛，有裁判现场执法，有规定的有效得分方法，与中国传统的技击也有本质区别。竞技太极推手比赛有规则限制、技术限制，使竞技太极推手运动的招法与传统太极拳推手技法之间的关系割裂。竞赛中技术运用较为单调，搂抱在比赛过程中运用较为频繁，高超的太极搏击技法在太极推手比赛中没有得到有效的展现和发挥。现代竞技太极拳套路运动，更像是技术动作的情感描述，在"高、难、美、新"的竞技比赛理念指导之下，突出套路演练的美感，追求套路动作的高难度展示，技击内涵、身法的展示在逐渐淡化，朝着"艺术体操"方向发展，导致套路动作的技击特点在逐渐消亡。综上可知，无论是竞技太极推手技术还是竞技太极套路技术，其动作本质属性都已发生变化，许多传统武术技术方法在流失，"唯成绩"背景下太极拳技术产生了断裂。

（二）"象层"——理念断裂

《周易注疏》中记载："象者，所以存意。""象"，指象征特定事物所代表的意义。武术讲究内外兼修，无论是外在修炼还是"内修"，训练理念和动作技法都是重要的训练理论依据。竞技太极推手和竞技太极套路运动的外向训练，都是以技击招法训练为基础，技击方法训练为灵魂。外向训练的目的是提高武术人的经验能力，使自己的实战、套路技法能够按照技击实战的要求展开。传统武术家修炼太极推崇由"术"到"艺"、由"艺"到"道"的操作理念。"艺"的高低直接通过"术"来表现,"术"借助"艺"这一载体不断提升。"艺"具有终身修炼的意思,"术"的学习都具有功利性质。无论是竞技太极套路还是竞技太极推手比赛,都是依据竞赛规则,以取得场上比赛最好成绩为目的。故,现代竞技推手、套路比赛中"术"与"艺"之间的关系彼此断裂。其次,"道"的修炼,既包括内在精神的修炼,也包括自身"拳术之道"的修炼。现代竞技太极推手运动的技术动作更偏向于动作简单实用,不拖泥带水,以直接对抗为主,内家拳法理念中"以迂为直""避其锋芒""以柔克刚""沾连黏随"的攻防实战理念与之结合较少。由此可知,无论是训练理念还是攻防技击理念方面,传统与竞技之间都存在断裂,没有辩证统一。

(三)"意层"——本体价值断裂

"意"是指"内蕴"。太极拳以丰富、独特的攻防技击形式,承载着中华民族的思想智慧、精神世界等文化特征,注重内外兼修,理应倡导以太极拳动作为路径,进而理解中国传统文化的全貌和核心。而太极拳作为拳术的一种,本体价值是攻防技击,在掌握技击对抗实用价值的基础之上逐渐体悟"养勇知止",修炼浩然正气。随着时代的发展,竞技太极推手和竞技太极套路运动成为运动竞赛项目,"金牌论"和"唯成绩论"成为人们关注的焦点。由此在竞技武术比赛主导下,竞技武术的价值本质与传统武术本体价值观已经断裂,人们对于成绩的关注远远高于其文化价值,由此导致了太极文化发展的误区和冲突。

二、研究缘起

本文是在山东师范大学体育学院姜周存教授提出的《太极散手诀》的基础上，对太极散手的技击原理进行系统而又深入的论述。太极散手诀一共20句，分为5个小节，从太极散手概念导入，阐述太极散手理论的渊源；以太极散手技击修炼的层次和境界作为修炼的最终目标，对太极散手实战遵循的原则和技击原理进行概括和论述，系统论证太极散手实战原理，从而形成一套完整的太极散手实战和修炼的理论体系。

"太极本是无极生，两仪四象天地成；动静开合拳之道，阴阳互易万法亨；行拳意导气宜通，气催力生劲无穷；立身中正五弓备，腰为主宰周身空；粘连黏随屈伸灵，来叫顺送不丢顶；借势打力巧妙用，踢打摔拿推相融；急应缓随任人逞，只是等闲舍己从；进之愈长退愈促，仰之弥高俯弥洞；浑身是手着无缝，随心所欲显神通；艺高万宗归一理，一理悟透妙无穷"。《太极散手诀》不仅深刻概括了太极散手基本原理和技击指导思想，而且把太极散手技击理论上升到哲学角度进行了阐释。

三、拳以合道

太极拳作为一种文化符号，屹立于世界文化之林，植根于中国传统文化的土壤，受到儒家道家文化、中医学、古代养生思想的影响，形成了独特的文化体系。"理根太极"即太极拳以太极立论，通过肢体语言来演绎太极文化。太极与"道""阴阳""五行"相连，在中国古典哲学中占据重要地位。"拳与道合"是太极拳大家孙禄堂先生提出的"拳学"之主体[①]。通过太极拳的产生和太极拳的命名分析可以看出，太极拳与道家文化有直接的渊源关系[②]。太极实战中"以柔克刚""以静制动""后发先至"的战术思想和"引进落空""借力打力"的技击方式，体现了道家文化中贵柔、主静、不争的特征。太极用养生、实战、悟道三位一体的方式，既体现了"自强不息，厚德载物"的文化精神，也体现了"阴阳互易"的哲学理念。"道法自然，天人合一"的太极文化与健身、修心、防身的完美结合，使太极拳文化源远流长的传承下来，为人们所喜爱。太极拳作为中国武术的一个特色拳种，实战是它的内在灵魂。创拳之初，即为搏人，而且是极其高明的搏人之术，这已被杨露禅、郝为真、杨班候、吴鉴泉等历代太极先辈们出神入化的功夫所证实[③]。太极拳的技击理论框架，融合兵法学中的虚实、奇正、攻守来构造自己的实战原则和格斗技术体系。将随机应变、避实击虚等克敌制胜原则转化为招法的操作要领，完成了兵法学与拳术的结合。太极拳实战的形式——太极散手，汲取中国古代传统剑术和枪法中"走避""粘逼"的经验，把实战中的"引进落空"和"借力打力"等技法规律运用到具体的攻防过程中，丰富了太极拳的实战技法体系。太极散手实战过程中，将"审敌"和"制敌"结合起来，欲擒故纵，讲究舍己从人，引进落空，以守为攻，在迂回曲折的攻防过程中，以弱胜强，后发先至。太极散手用上下相随、行云流水般的肢体语言活动，形象地表现中国传统文化。与此同时，又用刚柔相济、虚实转换的相互关系，阐述太极散

[①] 孙禄堂. 孙禄堂武学录［M］. 北京：人民体育出版社，2001，1：22-29.
[②] 杨祥全，张岩. 太极拳拳学思想的理论渊源与基本意蕴［J］. 河南社会科学，2007，5：5-6.
[③] 李万斌. 太极拳技击研究［M］. 北京：人民体育出版社，2016，1：75-76.

手技击规律的博大精深。通过太极散手动作形式这个载体，挖掘整理太极散手技理内涵不仅可以更好地传播太极拳，还可以增加太极文化的影响力。

四、拳技误区

太极散手是高明的搏斗功夫。这种由东方文化所孕育的武学奇葩，由于其技击理论、观念和功法为现代人所误解，这种技击术看起来有点"脱离实际"。太极散手作为一门武功，是一项技击对抗极其强的运动项目。相较其他的综合格斗技术，其高明之处在于招法多变，讲究得机得势，更讲究"打化结合"，追求"曲中求直"，遵循"后发先至"的原则。而这些太极散手技击制胜秘诀也为武术名家所证实。如何将太极散手实战的优势展现出来，为人们点一盏明灯，太极散手技理探究就是在此背景下提出的。

五、理论盲点

太极散手技击将"势"与"法"巧妙结合，"势"与"法"之间的"变"与"不变"之法则，即"拳有定势，用时无定法"。太极散手实战中，因法论势，在攻防转换过程中体现出拳中含势、势中藏变、变生虚实、因变制胜的技击法则。以"势"理而论"拳理"，构建出符合技击规律的"拳学"理论之框架。太极散手技击讲究沾连黏随，引进落空，以静制动，后发制人，这些技击思想，将中国传统的道家文化淋漓尽致地体现出来。当前研究处于较为原始的阶段，加之真正从事太极散手训练的人较少，理论研究与技能训练脱节。故，通过系统研究，深入挖掘整理太极散手实战内在的规律，形成系统、科学的理论体系对于太极拳运动的发展具有重要的实践意义。

第二节 研究目的和意义

一、研究目的

当代，西方竞技格斗运动在世界格斗比赛中占据话语权。散打运动虽然在与世界其他格斗术交流中，为中国武术赢得了赞誉，但是自散打运动诞生之日起，拳击加腿法的动作展示并不能完全代表中国武术，传统武术及其代表人物在面对西方格斗术时，没有经得起擂台的检验。面对中国武术格斗运动发展的困境，反思其发展历程，剖析其发展理念，笔者认为，传统实战理念需要挖掘，技术体系需要整理，传统技法更需要凝炼，传统的训练方法也需要结合现代格斗运动训练的成功理念。如何摆脱武术格斗发展的困境？笔者认为，在传统技法中，需要剥离重构，技术需要融合，实战理念需要创新。坚持"引进来，走出去"的发展思路，展现中国武术的特色。回归传统，意味着从传统武术中借鉴先进理念和技术。太极拳是传统武术中的一个典型代表拳种，其精妙的招法动作、先进的攻防技击理念、独特的运动形式，为中国武术的格斗理念发展提供了理想的素材。太极散手不仅是简单的肢体技术和实战技巧，它还直接反映了一种思维方式——高尚的人格修养模式。

本文的研究目的在于审视太极拳运动存在的问题，在太极拳套路为本体的基础之上，梳理、总结太极散手实战原理，形成系统的太极散手实战理论体系，深刻理解和把握太极拳实战的深层机制，为太极散手运动的发展提供哲学理论方面的支撑，才有可能在实践中创造性的转换运用，促进太极拳运动更好地发展。

二、研究意义

（一）理论研究意义

太极拳以中国古典哲学中的阴阳理论为哲学基础，将阴阳思想贯穿于拳势之中，在攻防实战中体现刚柔之分、开合之谓、动静之别。这些矛盾也表现在太极拳套路演练之中，太极散手作为太极拳实战的重要形式，以太极拳架作为本体基础，在实战过程中讲究舍己从人、以柔克刚、后发制人的原则。《陈氏太极拳图说》一书中记载："拳以太极名，古人必有以深明乎太极之理，而后与全体之上下、左右、前后，以手足旋转运动发明太极之韵，立其名以定为成宪。""拳者，权也；所以权物而知其轻重者也"。中国传统文化的"太极"学说，宋明"理学"理论等传统哲学的思想是太极拳的理论基础。通过系统研究太极散手技击中蕴涵的传统哲学思想，形成独特的太极哲学理论体系，有利于更好地传承与弘扬太极拳文化。

（二）实践研究意义

太极推手也称"打手""揉手"，是一种双人对抗形式[①]。太极推

[①] 马冀贤. 论太极拳八法在推手中的运用[D]. 济南：山东师范大学，2014.

手释义为两人互为对手,按照"舍己从人、来叫顺送、沾连黏随、不丢不顶"的原则,运用掤、捋、挤、靠、盼、定等方法,通过肌肤的感觉,探知对方的"劲别"和意图,在得机得势的条件下,运用有效的方法达到制胜对手的运动方式。太极散手则是在太极推手的基础之上,将招法真正运用于攻防实战。对太极散手实战原理,进行深入的总结和提炼,形成科学、系统的技战术理论体系,有利于指导太极散手技术训练,增强太极散手的技术理论体系建设。除此之外,透过身体视域,探究内在的文化本体内涵,还有利于太极拳文化的传承,从而更好地保护太极拳文化。

1. 反思传统太极拳文化,保护文化的多样性

太极散手技击体现着中华民族屹立于世界民族之林的价值观念、审美取向、道德伦理等深层次内涵。太极散手技击的一切都是紧密围绕着人的生命活动展开的,讲究"身心合一""知行合一"。太极散手文化以"阴阳整体""天人合一"为宗旨,以"道法自然"为原则,以"动静结合""刚柔虚实"为方法。故,传统的太极散手技术已经不再单纯作为一种技艺所能涵盖。著名学者刘峻骧认为:"从人体文化的角度对太极进行研究,要把技术和艺术进行整合研究。"传统的太极拳术和诸多人文学科存在紧密联系,为舞蹈、戏曲等文化的发展注入鲜活的元素,其本身也体现了中华民族认知世界的方法。全球一体化的今天,太极拳作为中国传统文化中的一个重要组成部分,面临着挑战和威胁,尽可能地保护、保存太极拳文化,不仅有利于增强国家文化软实力,而且有利于扩大文化的多元性及有利于保护国家文化的安全性。

2. 建立传承机制，促进其可持续发展

通过总结和归纳太极散手技击中蕴涵的传统文化学的世界观和方法论，借鉴和吸收欧美先进的健身理论和方法，可以更好地满足当代人对于健身的需求。通过不断提高太极拳运动的社会影响力，可以增强太极拳运动的竞争优势。在经济和文化全球一体化的社会背景下，需要挖掘传统太极拳得以代代相传的关键因素，即传承。传承是太极拳发展的推动力，也是继承和发扬的基本手段。建立传承机制，促进其可持续发展，更是开发和利用太极拳的先决条件。

3. 中国立场，国际表达

随着中国经济的发展，"中国立场，国际表达"的中华文化复兴趋势创造了合适的历史机遇。目前，中国传统体育文化尚缺乏有渗透力的代表和国际化表达，但以当前中国具备的条件，有能力创造一个具有国际影响力和亲和力的文化身份识别，这就在于在继承传统的基础上，进行文化创新。

太极散手这种独特的搏击技术，象形取意，既具有中国传统文化特色，也具有时代特征。太极散手从取象以至超象，均与中华民族特定的审美心理特征相对应。通过肢体语言的布局和变化，体现出对攻防格斗的一种艺术抽象，即潜在的表现力通过心理场能中的审美效应得以释放。凝重、流畅、庄严、严谨，太极散手是一种"情感语言"，也是一种"心神艺术"，是中国古老武学文化的表达。中华武学苦难辉煌、古老年轻；统一多元、稳健张扬。古老，却又如此年轻；高度统一，海纳百川。一言以蔽之，传统武术文化有"兼容并包"之精神，"斫梓染

丝，功在初化"。借用文化发生学的一条规律，任何一种文化的基本特征，首先在该文化发生期即已决定[①]。作为武术攻防技击的重要代表，太极散手是中国武学文化身份的诠释与表达，既可以弘扬民族文化个性和魅力，也为人类社会注入了时代精神。

4. 逢山开路，遇水搭桥

太极散手技击原理探究论题的提出，既是对已有论点的盘点，也是对未来技击科学原理探索的导引。其间，既有思路开拓的问题，也有观念更新的问题。创新是基于传统文化元典之上的，历史的承接和空间的流迁铸造了文化运演的因果链条。因此，除了放眼当今、思考现实，还需要反观过去和追思未来。毋庸讳言，从古到今的中国武术文化长河，闪动着价值波光的同时，也夹杂着令人窒息的泥沙。春秋巨变，风雨濒临，世界发生了天翻地覆的变化，太极拳作为中国传统武术中的瑰宝，也是历史的丰厚遗产，作为巨大财富的同时，也可能成为巨大的包袱。因此，回顾和反观历史轨迹的欲望更为强烈，展望和追思未来航程的任务较为艰辛。推陈出新，建立一种技击理念，不仅需要有深厚的文化底蕴和较高的技艺水平，更需要有承受质疑的勇气与胆量。"逢山开路，遇水搭桥"，这种全新的攻防理念和技术体系的架构没有前车之鉴，因此，本论题的研究对于太极技击规律的梳理与运用具有重要的现实指导意义。

[①] 任遂虎. 复兴的文明：新时代中国传统文化的归来与重生［M］. 北京：中国书籍出版社，2016，6：9-10.

第三节 研究思路和创新点

一、研究思路

太极散手技击原理的梳理与归纳，首先需要建立一个正确的太极散手概念，在此之上给出科学的定义，这是构建太极散手技击原理体系的基础。在概念界定的基础上运用社会学、文化学、哲学原理，在翔实的文献资料实证的基础上，对太极散手实战技理中的"听劲""懂劲""道层"进行研究。站在文化传承与发展的角度，总结归纳出太极散手功夫实战的技理：太极散手由"听劲"而渐悟懂劲，由"懂劲"而及神明，"神明"即文化修养"道"的层面。在批判的继承和借鉴的基础上进行创新，构建太极散手技击理论体系。论文的整体构思也是建立在这一指导思想之下的（如图2所示）。

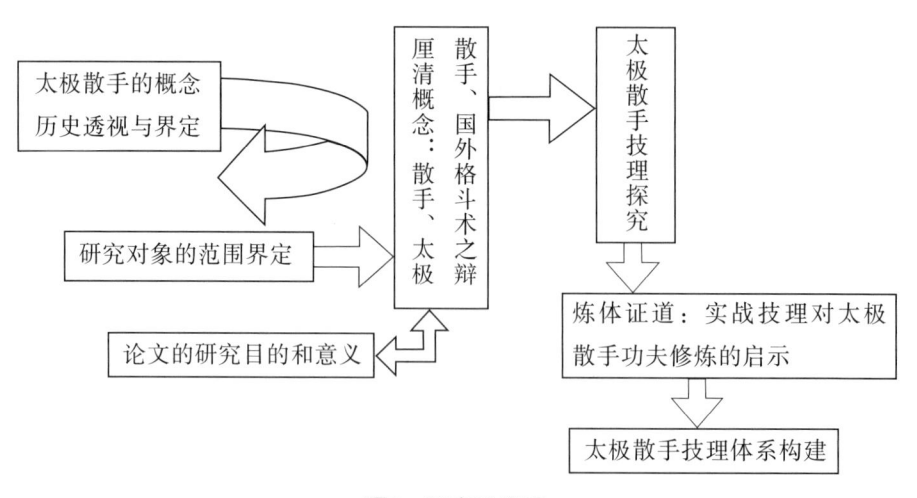

图2 研究路线图

二、研究重点、难点和创新点

（一）研究重点

首先，要厘清太极散手、国外格斗术之概念，太极散手与国外格斗术的实战技击理念和技击运动形式存在的具体差异是文章需要论述的重点。

其次，"听劲"解构。如何在实战中做好"听劲"？"听劲"的具体内容是文章需要阐述的核心内容。

（二）研究难点

探索和总结太极散手技击原理具有较高的难度，需要有一种忍受、承担争议的胆识。当前，对太极散手技理探究处于初级和设计阶段，该理论的运用，还需要在往后具体的实践中予以检验，从实践中发现问题并不断完善。

（三）研究创新点

太极散手讲究在黏粘的条件下，圆转引化对手的动作，控制对手的重心，占中然后破坏对手的平衡，从而制胜对手。这种格斗理念的提出，从一定程度上来讲，是在中国传统武术格斗理念基础上的发展与创新。

另外，技击方法的融合。现代散打运动中，踢、打、摔等技法为攻防实战的核心；太极散手则讲究踢、打、拿、摔、推等技法的综合运用，目的是取得制胜对手的最好效果。格斗理念的创新，必然会伴随着格斗技击方法的融合和创新。本研究提出了太极散手实战中下肢部位攻击的手段，主要有勾、搂、拌、挂等技法。这些技法的运用与实施，是对传统技法的继承与融合。

第四节　研究理论依据阐释和研究假设

本课题研究基于中国传统哲学思想、皮尔士符号理论和现代生理学理论对太极散手这一文化现象进行深入剖析，总结归纳太极散手技击原理。研究过程中，将具体的实践与理论相结合，提出可行性、科学性的理论验证。

一、研究理论依据

（一）中国传统哲学理论

辩证法[①]理论体系是在苏联教科书辩证法基础之上而构建起来的。具体的内容有：① 辩证数理逻辑公理系统；② 两个世界的理论；③ 时

[①] 辩证法理论体系是为了纠正苏联教科书辩证法的缺陷而建立起来的。苏联教科书辩证法是一种片面的辩证法，或者说是"一条腿走路，而不是两条腿走路"的辩证法。它具有两个严重的缺陷：一是它只谈到了事物内部矛盾的运动规律，而丝毫没有谈到事物内部矛盾运动的规律；二是它提出了内部矛盾自己运动论。

空统一三维原理；④循环原理；⑤有无相生原理；⑥阴阳互为消长原理；⑦循环原理等[①]。

太极散手是一种文化现象，也是一种文化活动，其自身形而上的理论依据，主要是中国传统哲学思想中的"道本论"和"用反论"，它们是太极散手实战的理论依据，"道本论"则是要求操作的合理性依据。太极散手是种"道技圆融"的艺术，修炼的过程是为了体道。道家文化中的"用反论"，则体现了太极散手实战独特的实战理念和思维，更体现了中国传统武术技法的精妙。"用反"倡导的是一种手段，强调的是不同层面的扬长避短，提倡不顶抗的逆反，非服从的顺化。"道本论"为太极散手运动提供了本体论支撑，"用反论"则为其提供了方法论原则。

（二）符号学理论

美国哲学家、指号学[②]家皮尔士把"包括语言在内的指号分为象似、指标和象征三部分"。皮尔士的"指号理论"以征象为第一维，它是物感和质感，如红、苦、高贵、声音等，"它具有一种使它具有意义的品格"[③]。物感的"质"只能借助某些共同的成分或相似性来指称一个对象，因此其"指号"必然是一个图像。对象为第二维，"标指性"是文化现象的"第二维"。"物感"通过"文化解释"与对象勾连起

[①] 张今，罗翊重. 东方辩证法 [M]. 郑州：河南大学出版社，2013，1：32-72.

[②] 指号学，考虑到索绪尔传统的"semiology"也可以译为符号学，这里将象似、标指和象征之共生关系的皮尔士传统的"semiotics"翻译为"指号"学。

[③] 涂纪亮. 皮尔斯文选 [M]. 北京：社会科学文献出版社，2006，10：306-308.

来，它就变成了"事实"，展现在人们面前。"释象"为第三维，主要表现为语言和思维活动，以认知观念沟通征象第一维与对象第二维的关系，使它们结合成为事实。皮尔士提出的"指号理论"，突出"指号"三维的互补共生，征象指向对象，征象和对象因为"释象"的勾连而被指和所指，三者都不能缺，缺一则不能成为"指号"。对象又可以分为"象似""标指""象征"三类[①]。因此，用皮尔士的指号三维理论分析文化现象，可以更好地凸显其互动共生、互为环境、互为结构的辩证关系。本文通过运用皮尔士"指号学"理论对太极散手这种文化现象进行剖析，从征象、释象、对象三个层面出发，对太极散手实战理论体系构建进行了阐述。

（三）生理学理论

视觉、听觉、触觉感受器在人体感知客观事物的实践活动中起着重要作用。在运动过程中，这三种感受器的反应能力是影响运动水平的重要因素。上海体育学院学者陈静析通过实验研究，得到以下重要结论：通过对比视觉、触觉、听觉三种感受器官对适度刺激的反应速度，结果发现触觉最快，听觉稍次，视觉最慢；视觉与听觉的复合刺激信号的反应速度比单一视觉刺激信号反应速度要快，视觉、触觉复合刺激信号的反应速度比单一视觉的刺激反应速度要快；视觉、听觉、触觉三种复合刺激信号的反应速度比任意二种复合刺激信号的反应速度要快。以上实验研究成果为本文的研究提供了生理学方面的理论支撑。

---

① 皮尔士"指号"理论中的"征象"和"释象"也各分为三维。

二、研究假设

运用生理学理论、传统哲学理论，从"听劲—解构""懂劲—具体操作""道"三个层面对太极散手技理探究。首先，厘清概念，对散手、太极散手、国外格斗术进行比较，太极散手与国外格斗术在哲学理念、实战理念存在巨大差异；其次，"听劲"是太极散手技理的核心，利用"视听""触听"两种方法在"听劲"的基础上，准确、有效地判断对手的攻防意图和攻防方法，然后制胜对手；"道"是太极散手技理的最高层次表现，"圆通""道法自然"代表太极散手实战的超然境界。最后，在提出太极散手技理的基础上，进行训练实践理论的构建。

第五节 相关学术研究思想启迪

一、太极拳技击理论研究

太极拳作为武术文化中的优秀代表，其文化内涵植根于中国传统文化的沃土之上，是哲学与技击结合的产物。太极拳深受中国传统文化的影响，毋庸置疑，起主导作用的仍然是哲学。传统哲学思想为太极拳的形成给予了思维意向，而优雅的肢体语言动作将丰富的哲学文化内涵表现出来。太极拳无论是价值取向还是认知方式与道家思想都是紧密联系在一起的。太极拳动作运使和招法变化处处体现出"道"的含义和要求，"道法自然""天人合一"的思想统摄于太极拳的拳理之中。"道家"学说中的阴阳论为太极拳之根本,正如王宗岳在《太极拳论》开篇所言:"太极者,无极而生,动静之机、阴阳之母。动之则分、静之则合。"[1]"一阴一阳""一动一静"皆为"道"的体现。通过查阅资料,目前传统的古典哲学思想在太极技击中的运用研究主要集中于以下几个方面:

(一)"阴阳"辩证思想在太极拳技击中的体现

阴阳是中国古代哲学的思想范畴。董逢威、聂婷婷在《析"太极拳"理论渊源》一文中提出《周易》为太极拳学提供了基本理论支撑,太极两仪的宇宙生成论不仅可以指导人们认识了宇宙本源的存在,也为"太极"之名的来源提供了依据[2]。太极拳拳理的核心是"阴阳相济,方为懂劲",它将阴阳对立,阴阳交感,阴阳转化等辩证关系体现在动作中。太极散手中也处处体现出"阴阳"的辩证法思想。余功保曾在其著作《上善若水:中国太极拳名家对话录》中提到:"太极拳中有易学、兵法、中医和道家四大支柱",即所谓"太极拳涵盖了周易哲学、军事哲学、人体哲学和道家学说"[3]。王海鸥在《东岳论丛》发表的《太极拳中的中国哲学思想研究》一文中提出:太极拳中蕴含"易道阴阳""辩证法"以及"刚健有为"等传统哲学思想。[4]认为只有深刻

---

[1] 于志钧. 太极拳史[M]. 北京:中国人民大学出版社,2011,10:11-16.
[2] 董逢威,蒋婷婷. 析"太极拳"理论渊源[J]. 浙江体育科学,2014,36(2):113-114.
[3] 余功保. 上善若水:中国太极拳名家对话录[M]. 北京:人民体育出版社,2008,9:112-115.
[4] 王海鸥. 太极拳中的中国哲学思想研究[J]. 东岳论丛,2010,31(7):31-32.

认识太极拳的哲学渊源，从根本上把握它的文化特征，才能全面、科学地认识太极拳的本质及其发展规律，使其更好地为人类服务。康戈武在《太极拳的文化内涵和太极运动观》一文中提出："太极拳运动通过融摄太极哲理，使太极拳拳理与太极哲理融合，构建起以动养生、顺应阴阳的运动观。"[1]刘海忠提出太极拳的一招一式中无不体现着阴阳这一哲学道理，例如，虚实、刚柔开合、动静等，阴阳学说是太极技击理论的指导思想，穷其阴阳之间的关系，即"一阴一阳谓之拳"。《中国传统文化散论》[2]从《周易》溯源太极拳理论基础[3]提出："一阴一阳谓之道"的辩证思维被运用于太极拳学理论与实践中，为太极拳的形成与发展提出了"建构模式"。

通过探讨太极拳理论与周易渊源、联系，旨在梳理和挖掘太极拳所蕴涵的太极拳哲学基础和传统文化思想，不断丰富和完善太极拳理论，从而指导太极拳的练习实践。郭志禹在《长拳、太极拳理论的儒学成分研究》一文中提出太极拳学中的"阴中有阳，阳中有阴"之理与武术理论中"阳不独立，得阴而后成；阴不自专，因阳而后行"可谓异曲同工之妙[4]。姜周存、姜守峰在《试析阴阳学说在太极推手中的运用》一文中，从阴阳相资、阴阳平衡和阴阳互转三个方面论述了太极推手的哲学基础是阴阳学说，说明太极推手体现了中国传统文化的精神，并且融入

---

[1] 康戈武. 太极拳的文化内涵和太极运动观［J］. 邯郸学院学报，2008，18（3）：7-15.

[2] 李士生. 中国传统文化散论［M］. 北京：中国社会出版社，2005，11：41-74.

[3] 杜晓红，陈永发，石雷. 从《周易》溯源太极拳理论基础［J］. 沈阳体育学院学报，2008，27（1）：124-125.

[4] 郭志禹. 长拳、太极拳理论的儒学成分研究［J］. 上海体育学院学报，1994，（2）：21-27.

哲理和技击理念[①]。李英奎、徐伟军在《太极拳理论与方法的诠释》一文中采用太极发生观的哲学方法，辩证阐述太极拳拳法理论，提出"动静""虚实""刚柔"等表现形式是太极拳阴阳学说的表现形式，创建以"劲力"为核心价值目标的修为之道[②]。

陈恩在《体育学刊》第1期上发表的《论陈式太极拳的虚与实》一文中提出太极拳动力的源泉是重心偏移产生的偏心力，陈式太极拳的盘架子是练习知己功夫，弄清虚实才能保持身体的平衡[③]。王爱民在《论太极拳中的古典哲学文化》一文中提出太极拳所赋予的"以拳载道""阴阳并包"的哲学理念对于锻炼人们的身体，净化人们的心灵，提高人们的心智有重要作用[④]。田桂菊在《析太极拳文化价值观》一文中提出太极拳深受中国传统哲学思想的影响，强调"整体阴阳和谐、身心兼修、形神兼备的体育观"[⑤]。毛万莲、余利斌在《太极拳与阴阳学说新解》一文中，站在传统文化学的角度，系统地对太极拳的演练节奏、内在精神、攻防技击等几个方面与阴阳学说之间的辩证关系进行研究，对弘扬中国的传统文化，传承太极拳有重要影响。[⑥]姚伟华、郭文革在《试析阴阳学说在太极拳中的体现》一文中提出太极拳运动拳术理论的

---

① 姜守峰，姜周存. 试析阴阳学说在太极推手中的运用[J]. 山东师范大学学报，2006，21（01）：149-150.

② 徐伟军，李英奎. 太极拳理论与方法的诠释[J]. 北京体育大学学报，2011，34（09）：1-2.

③ 陈恩. 论陈式太极拳的虚与实[J]. 体育学刊，2000，18（1）：85-86.

④ 王爱民. 论太极拳中的古典哲学文化[J]. 中华武术（研究），2011（4）：35-38.

⑤ 田桂菊. 析太极拳的文化价值观[J]. 成都体育学院学报，2007，33（5）：43-45.

⑥ 毛万莲，余利斌. 太极拳与阴阳学说新解[J]. 赤峰学院学报（自然科学版），2010，3：101-103.

阐述、技法的概括、技击原则的概述，都受到中国古典哲学阴阳理论的影响，体现出阴阳变化之规律①。

阴阳互易是太极拳技击的灵魂，阴阳相济是太极拳技击的原则。阴阳学说在解释太极拳学理过程中演化出形式多样的矛盾对立因素，而"阴阳"则是太极拳高度概括的精髓。程大力教授在《太极无非"圆"与"变"》一文中提出"太极之变"即是阴阳之变化的理论，认为"阴阳对立统一是中国古代哲学最基本的思想，一切事物变化，无不是阴阳相互作用的结果"②。由此可知，阴阳变化的观念贯穿于太极技击始终，阴阳变化既是太极拳术套路演练的理论依据，也是指导技击实战的理论源泉。

（二）"圆道运动观"思想在太极技击中的运用

圆是几何意义上的完美图形，显著特征是首尾相合，周而复始。圆是中华传统文化的精神符号，也是中国人心目中的审美图腾。圆也是太极拳法必备的文化基因和外在特征。乔玉成在《论内家三拳中的"圆"文化》一文中提出："太极拳以圆为势，以圆为旨，以螺旋缠绕为核心，形成了圆柔舒缓的运动节奏。"③圆在太极拳运动中体现为以圆弧形的轨迹来实现"万变不离其圆"的运动哲理，太极拳盘架，动作大多

---

① 姚伟华，郭文革. 试析阴阳学说在太极拳中的体现[J]. 搏击·武术科学，2005，2（2）.
② 程大力. 太极无非"圆"与"变"[J]. 搏击·武术科学，2007，4（1）：1-2.
③ 乔玉成，狄珂. 论内家三拳中的"圆"文化[J]. 武汉体育学院学报，2016，50（7）：69-70.

走的是圆的曲线。例如，动作中的椭圆、立圆、斜圆等，每个动作的转换都在遵循圆形轨迹，突出"圆"理。太极拳动作演练的节奏、神韵和速度构成了丰富多彩的形体文化，重点突出了中国"圆"文化之道。

程大力教授在《试论太极拳的哲学内涵》一文中提出："太极拳以圆为体，以螺旋为用，太极拳的动作皆为圆之体现。"[①]王怀认为："外在的躯体动作和内在的情绪、精神意念需要融为一体，上下相随，周身一家；太极拳动作的轨迹始终呈圆形，势皆生圆，招招不离弧形。"[②]在太极拳技击中则体现在"圆融"思想的运用，王军在《论太极拳中的"圆"》一文中提出："攻防转换过程中，以腰为主宰，中正不偏，浑身成圆，处处圆转，引进落空，圆活如车轮旋转""太极拳是哲拳，习拳过程中体会到中庸谦和、圆通灵活之处世道理，此为无形之圆。"[③]徐伟军结合太极拳的动作练习和使用特点提出了"圆道运动观"的论点。太极拳遵循"圆"道而行，在外为形，在内为意，内外圆融，势如行云流水，连绵不断[④]。太极拳将中国传统文化中的圆和拳术技法巧妙地结合在一起，攻防过程中，化、顺随，处处成圆，周身一家。

太极拳运动充分体现了"圆道运动"之规律，在习练过程中使人们掌握"圆融"的处世法则，从深层次体会处世规律即圆通随和，使人体体会与自然的和谐相处之美，用实际行动绘画人生之"圆"之美。

---

① 程大力. 试论太极拳的哲学内涵 [J]. 语文学刊，2015（11）：101-102.

② 王怀.《周易》与太极拳 [J]. 南京中医药大学学报，2000，1（2）：62-63.

③ 王军. 论太极拳中的"圆" [J]. 搏击·武术科学，2006，3（7）：35-36.

④ 徐伟军，李英奎. 太极拳理论与方法的诠释 [J]. 北京体育大学学报，2011，34（9）：2-3.

孙刚认为太极拳运动动作和劲力发放皆遵循"圆"的哲理,"圆"寓意圆融、圆满之意,体现了"合一"的思维理念,也是人们所追求的"圆满"状态①。李颖媛在《浅析太极拳"浑圆"与中国传统文化的关系》一文中提出:"太极拳运动抽象为一个浑圆,在空间上呈现出一种弹性、螺旋上升的曲线运动,其内涵则可以理解为儒家文化中的中庸之道。"②耿同满在《论太极拳之圆》一文中提出"智圆"思维,"圆"是太极拳的特色,也是太极拳技术动作的核心③。

透过技术动作这个表层现象,我们看到太极拳是圆转的、弧形的刚柔相济的拳术,讲究道法自然,追求圆融和谐。"智圆"思维提倡考虑问题要周全、实施行动要缜密。太极拳"圆融"的思想是中华民族"和"文化应用于体育的智慧结晶。

(三)"反者道之动"思想在太极技击中的运用

太极拳具有鲜明的技击风格特点,攻防转换过程中强调突出"舍己从人""引进落空""避实击虚""以柔克刚"的总体特征和"以弱胜强"的技击功能。探究其方法论基础,就是道家哲学文化倡导的"用反论"。而"反者道之动"的朴素辩证法思想是由老子在《道德经》这本书中提出的。武冬在《太极推手中的传统文化内涵》一文中提出:"太极推手以柔克刚的理论基础是'反者道之动'的方法论在技击中的具体

---

① 孙刚. 曲径通幽体认生生从"天人合"的生命观论太极拳哲学思想[D]. 济南:山东师范大学,2003.

② 李颖媛. 浅析太极拳"浑圆"与中国传统文化的关系[J]. 山东体育科技,2001,23(1):79-80.

③ 耿同满. 论太极拳之圆[J]. 体育文化导刊,2009,167(6):128-130.

运用"[1]。阮纪正在《太极拳技击形态简论》一文中提出："太极拳技击讲究以退为进，以顺避害，引进落空，曲中求直，以弱胜强。"[2] 由此可见，太极技击中处处表现出的"以守为攻""曲中求直"的战术思想，鲜明地体现了道家贵柔、出奇、取后的特征。高谊在《论太极拳的哲学基础》一文中提出"柔胜刚，弱胜强"的策略是太极技击原则对道家反为道用哲学辩证法的印证[3]。

张广华在《浅析道家思想对太极拳的影响》一文中提出"舍己从人"是太极拳技击遵循的基本原则之一。在己方和彼方推手时，己方利用"沾连黏随"技术，引进落空，引诱对手将动作和力量运用到极限，在进之不能退之不可的最佳时机，顺着对手回撤的方向击出对手，这一过程充分体现出"反者道之用"之原理[4]。李蓉蓉、王岗认为太极拳技击中"舍己"的目的在从人，从人是为了"引进落空"，从而达到后发制人的目的[5]。所以舍己从人在太极拳技击中体现了一种很高的境界。孙健在《武术技法中的道家哲学思想探析》一文中提出："顺人之势，借人之力是反者之道在太极拳技击的具体运用。"[6] 阮纪正在《太极拳的文化内涵》一文中提出太极拳是一种后发制人、舍己从人、出奇制胜的以弱胜强技术，通过自身动静之势变化，因势变化，从而获得技击操

---

[1] 武冬. 太极推手中的传统文化内涵 [J]. 北京体育大学学报，1994，17（4）：13-14.

[2] 阮纪正. 太极拳技击形态简论 [J]. 体育与科学，1993，3：11-12.

[3] 高谊. 论太极拳理的哲学基础 [J]. 天津体育学院学报，2000，25（3）：41-42.

[4] 张广华. 浅析道家思想对太极拳的影响 [J]. 江苏社会科学，2006，2：124-125.

[5] 李蓉蓉，王岗. 太极拳：从"推己及人"到"内圣外王" [J]. 成都体育学院学报，2011，37（11）：45-46.

[6] 孙健. 武术技法中的道家哲学思想探析 [J]. 体育科技（广西），2015，36（4）：166-167.

作的主动权。其基本制胜原则是保存实力、随曲就伸、以柔克刚[①]。这些原则处处体现了道家"反者道之用"的理论。

康戈武先生在《太极拳的文化内涵和太极运动观》一文中提出"逆向着意"的攻防方法，一般拳法要求以快取胜，而太极拳追求"以慢制快"的打法。太极拳攻防技法方面，不仅注意采用"以攻为守"的方法，更讲究以弱胜强的打法[②]。周希文在《论道家思想对太极拳的影响》一文中提出太极拳"以柔克刚，后发制人"反映的是道家思想中反为动用的思想，也是太极技击战术运用方面的表现[③]。古人曾有云："国之利器不可示人"，一方面是为了隐藏自身的实力，另一方面是为了使自己立于不败之地的战术策略。"反为道用"的技击原则是水之道的真实写照，也反映了中国兵家战略思想的道理，"即避高趋下、避实击虚，目的是为了保存实力，避开对手锋芒，寻找有利时机取胜对手"[④]。

（四）"天人合一"思想在太极技击中的体现

"天人合一"一词最早是由张载提出的，他说，"儒者因明而致诚，因诚而致明，故天人合一"[⑤]。张载的"天人合一"观点的主要内

[①] 阮纪正. 太极拳的文化内涵[J]. 岭南文史，2002，2：39-40.

[②] 康戈武. 太极拳的文化内涵和太极运动观[J]. 邯郸学院学报，2008，18（3）：7-8.

[③] 周希文. 论道家思想对太极拳的影响[D]. 西安：陕西师范大学，2011.

[④] 王岗，郭华帅. 太极拳：一种典型的水文化[J]. 武汉体育学院学报，2009，43（3）：81-82.

[⑤] 张岱年. 中国哲学中"天人合一"思想的剖析[J]. 北京大学学报（哲学社会科学版），1985，1：1-2.

涵是："人是自然的一部分，自然界有普遍规律，人应该服从自然界的普遍规律，人生理想是天人和谐。"《易传》中曾有记载："范围天地之化而不过"，"天人合一"思想追求人与自然、人与社会以及身心自我的内外和谐。张载之学术，以《易》为宗，强调"天人合一"，提出"天人合一，致学可以成圣，得天而未始遗人。"认为做到"天人合一"，可以成为圣人，可以知天也可得人。"天人合一"的思想体现在武术中，表现为习练者与自然的统一、和谐。自古习武者都非常重视内外兼修，这是中国传统文化的一个共同特点，这种观念对太极拳运动的发展也产生了深远的影响。

《太极拳谱·清代杨氏传钞老谱》记载："能以人弘道，知道不远人，则可与言天地同体；苟能参天察地，与日月合其明，与四时之错行，知人事之兴衰，则可言乾坤为一大天地、人为小天地。"由此可见，太极拳运动在思维方式、审美特征等几个方面都渗透着"天人合一"的思想。"天人合一"的思维方式在太极拳运动中突出表现为"动作结构的整体性以及动作演练的整体性"[1]。程梅玲、朱继华在《太极拳的中国传统哲学基础》一文中提出："太极拳动作设计符合天人、身心的平衡调节，在天人合一思想的影响下，要求动作沉稳、速度均匀、开合自然。"[2] 要求练习者"内外合一，形神具修"。

太极拳动作演练讲究圆活流畅、连绵不断，要求做到"屈伸开合任自由"，也要求做到"动则周身协同运动"。太极拳是一种具有攻击含义的身体活动，除了要求招法动作的内外合一，劲力的运使也要求体用

---

[1] 张林艳. 论"天人合一"思想对太极拳运动的影响[J]. 武汉体育学院学报，1996，30（1）：7-8.

[2] 程梅玲，朱继华. 太极拳的中国传统哲学基础[J]. 体育文史，2002，160（3）：66-68.

合一。太极技击讲究"一动无有不动,周身节节贯穿",讲究内三合与外三合的统一。具体指心与意合,意与气合,气与力合。陈鑫说:"开则俱开,合则俱合。"张锦在《论儒家思想对太极拳的影响》一文中曾经提到在熟练掌握太极拳招法动作的基础上,"辩证地掌握太极拳动作的攻防技击内涵,进而从深层次掌握太极拳的文化内蕴,相互融合达到形神合一的技术风格要求"[①]。太极拳遵循"天人合一"的思想,将动作修炼与内在修养结合在一起,形成了形神兼备,内外相合的技术风格特点。

郑志兵在《论"天人合一"思想与太极拳运动》一文中采用文献资料法结合自身实践,提出"天人合一"的思想统摄太极拳的拳理之中,对太极拳的"道""技击"以及动作的演练风格都产生了巨大影响,丰富了太极拳运动的哲学内涵,给予了浓厚的人文关怀[②]。杨雨丰在《太极文化的哲学诠释》一文中提出"天人合一"是太极拳追求的最高境界和价值,关键在于将这种思想融于太极之中[③]。康德强在《太极拳——器道并重的人体技艺文化体系》一文中提出,太极拳是一种器道并重的体艺文化体系,太极拳讲究形、神、气一体的生命修炼方式。太极拳文化在"天人合一"思想的指导下,讲究身心和谐,追求"天人合一"的修养境界[④]。闫民在《体育科学》第35卷第2期上发表的《身体观视域下太极拳的哲学意蕴》一文从传统身体观的视角出发,提出太极拳运动

---

① 张锦.论儒家思想对太极拳的影响[D].济南,山东体育学院,2014.
② 郑志兵.论"天人合一"思想与太极拳运动[J].四川体育科学,2015,6(3):12-13.
③ 杨雨丰.太极文化的哲学诠释[J].文化学刊,2015,22(1):168-169.
④ 康德强.虞定海.太极拳——器道并重的人体技艺文化体系[J].上海体育学院学报,2010,34(1):87-88.

立足于客观的身体，通过人的身体主动沟通自然，努力实现人与社会、客观身体与主观身体的高度合一，从身体实践中感悟人生，关爱生命的价值[①]。这与中国传统哲学的"身心合一"观相吻合，与儒家倡导的修身、道家养生的思想一致。

综上可知，深刻了解"天人合一"的道理，并将这种理念融会贯通于习练太极拳的过程中，方能体会到武术的真谛。无论是过去还是现在，武术习练者在修炼过程中追求内外兼修，中国传统哲学"天人合一"的这一"根本观念"，其内容是非常丰富的，从而对太极拳的影响也是多方面的。李蓉蓉在《太极拳：从"推己及人"到"内圣外王"》一文中提出"内圣外王"是人生的理想，也是"太极人"的追求，在太极拳练习过程中讲究"外示安逸，内宜鼓荡"，也就是"内外合一"，继而通过艰苦的修炼方能实现"内圣外王"的呈现[②]。

二、太极拳技击实践研究

（一）太极拳技击方法的研究

太极拳是由十三势动作组成的整体运动。十三势主要包括"掤、捋、挤、按、采、挒、肘、靠等技击方法；前进、后退两种步法，左顾、右盼两种眼法。"[③] 八法运用于太极技击实战中，目的是为了有效

[①] 闫民. 身体观视域下太极拳的哲学意蕴[J]. 体育科学，2015，35（2）：92-93.

[②] 李蓉蓉，王岗. 太极拳：从"推己及人"到"内圣外王"[J]. 成都体育学院学报，2011，37（11）：45-46.

[③] 马冀贤. 论太极拳八法在太极拳推手中的运用[D]. 济南：山东师范大学，2014.

的制胜对手。马冀贤在《论太极拳八法在推手中的运用》一文中对"太极推手"和"太极八法"的概念进行了界定,"太极八法"由四正手和四隅手组成,四正手是指掤、捋、挤、按;四隅手则包括採、挒、肘、靠等方法;其次提出了太极拳八法运用的条件,即站桩、盘架、喂招;再次详细阐述了听劲、劲力引化、劲力发放在太极推手中的具体阶段的运用。"听劲阶段",掤劲可以贯穿攻防始终;引化阶段,捋法和採法可以结合在一起使用;在劲力发放阶段,挤法和肘法是常用的发放招法。八法在太极技击的不同阶段承担着不同作用,相互之间协调配合,相辅相成[①]。李辉在《太极拳具体技击用法解析》一文中采用力学的研究方法对太极拳中的顶牛、大力冲击、生拉硬拽等情况进行具体分析,从而指导太极拳在技击中的实践[②]。

孟庆光在《太极推手"沾连黏随"技法阐微》一文中提出太极推手是太极拳技击的基本用法;"沾连黏随"这种技术方法一直贯穿于太极推手的过程中,只是方法和状态的展示。太极技击中"沾连黏随"等技法的运用,目的在于在实战中做好"听劲",在攻防转换过程中,需要做到不丢不顶,引进落空[③]。张志勇在《太极散手的技术演绎与太极拳技击功能的弱化》一文中提出:"太极技击的核心技术在于掌握接劲技术,在接劲的基础上可以化打。"[④]因此,太极拳技击实战能力的培养需要经历以下几个阶段:一是技术动作单式练习,二是两人对练,三

---

① 马冀贤. 论太极拳八法在太极拳推手中的运用[D]. 济南:山东师范大学,2014.
② 李辉,刘芳. 太极拳具体技击用法解析[J]. 滨州学院学报,2009,6:35-36.
③ 孟庆光. 太极推手"沾连黏随"技法阐微[J]. 搏击·武术科学,2009,6(8):32-33.
④ 张志勇. 太极散手的技术演绎与太极拳技击功能的弱化[J]. 体育学刊,2011,18(6):124-125.

是拆架子练习。王靖博在《和式太极拳推手技术研究》一文中对太极拳技击中的上、中、下八法进行了概念界定与分析，提出"舍己从人、化打合一是和式太极拳技击实战的技法原理[①]。由此可知，"拳架训练是太极推手训练的基础，拳架训练在于松不在于僵；在于韧不在于软，拳架练习既可以有效地提高下肢力量，也可以为太极推手打下良好的下盘功夫。"[②] 太极拳技术训练实践体系流程："从功法、套路入手，然后过渡到拆手、递手阶段，最后进行推手、散手阶段训练。"经过系统训练，逐渐达到由"招熟而懂劲，由懂劲而阶及神明"的水平[③]。

（二）"劲"力在太极拳技击中的运用考略

劲力的运使与发放是太极技击制胜的核心要素。深谙太极拳技击原理的都知道，太极拳技击"四两拨千斤"，所用之力不是拙力，而是巧劲。张君在《论太极拳整体劲力的发放》一文中曾提出："劲"是指关节韧带、肌腱伸长，在大脑神经中枢系统的支配之下，肌肉收缩或者舒张，结合呼吸产生的一种力量素质；在此基础上提出太极拳劲力的运使与发放讲究整体性原则，以腰为核心带动四肢，节节贯穿从而使整体劲力得到发放。整体劲的含义有主要以下两方面特征：首先是身体各组成部分的协调统一，其次是外在肌肉力量与内在劲力的统一。劲力发放的时机与方法是提高劲力作用的主要影响因素，劲力发放具有"运劲规

---

① 王靖博. 和式太极拳推手技术研究［J］. 搏击·武术科学，2015，9：48-49.
② 姜周存. 论太极推手拳架与劲力的训练方法［J］. 山东师范大学学报（自然科学版），1999，3：321-322.
③ 杨建营. 太极拳技术训练体系解析［J］. 体育文化导刊，2016，174（5）：76-77.

律""蓄劲规律"和"发劲规律"三种规律。太极拳劲力是通过肢体动作改造后的用力方法[①]。徐亚奎在《太极拳劲源分析》一文中提出太极拳动作的规范性、肌肉收缩产生的力量大小、韧带弹性是影响太极拳劲力大小的重要因素[②]。李竖锐在《浅谈太极拳推手劲力作用和机理》一文中从运动生物力学的角度出发,对太极推手中串劲、抖劲、螺旋劲等进行详细的剖析[③]。

田金龙在《太极劲两次飞跃的学理研究》一文中提出在《易经》和《老子》学说的影响下,太极拳劲力经历了"内劲"和"内劲的分化"两次飞跃,内劲的源泉是肌肉的弹性力[④],陈鑫将劲力形象的称为"开劲"和"合劲",作者将其称为"透劲"和"收劲"。劲力的分化主要经过松、柔、刚、分、合五个阶段,然后"收劲"与"透劲"在方向上、结构上能够吻合,具备"化发一体"的功能。徐亚奎在《太极拳内劲发放训练方法》一文中提出了太极拳内劲修炼的方法,将原始"肌肉力"转化为意识可以支配控制的整体劲力是太极拳修炼的要求;通过利用现代生物力学的科研方法和手段对太极拳"内劲"进行研究,提出整体劲力的发放练习需要从易到难、由简到繁,讲究周身的协调用力[⑤]。

姜周存教授在《论太极推手拳架与劲力的训练方法》一文中提出

[①] 张君. 论太极拳整体劲的发放[D]. 济南:山东师范大学,2006.

[②] 徐亚奎. 太极拳劲源分析[J]. 无锡职业技术学院学报,2015,1:85-86.

[③] 李竖锐. 浅谈太极拳推手劲力作用和机理[J]. 湖北体育科技,2004,23(3):314-315.

[④] 田金龙. 太极劲两次飞跃的学理研究[J]. 南京体育学院学报:社会科学版,2011,25(1):27-28.

[⑤] 徐亚奎. 太极拳内劲发放训练方法[D]. 扬州:扬州大学,2010.

"劲力训练是提高太极拳技击水平的主要手段"。将太极"劲"训练方法分为掤劲、听化、接耗、综合劲力训练等几种。"粘掤劲"是太极拳技击劲力训练的基础;"听化劲"是太极拳技击中发放对手的先决条件;"接耗劲"训练目的是为了培养技击实战的能力和耐力;在以上基础上进行综合劲力训练目的是为了培养综合实战能力,在接近真实实战对抗中进行训练,培养己方引、化、击、发的能力,能够因时而变,准确判断对手的攻防意图,才能制人而不受制于人,己方可以随意发放劲力,达到懂劲。在综合劲力的基础上进行实战训练,己方和彼方无固定的招法和模式,通过抢招、抢劲,进一步提高劲力的实战应用能力,通过反复实践己方掌握的技法和劲力技巧,逐渐培养以小力胜大力的技巧[①]。

(三)生物力学分析方法在太极拳技击中的运用

借力打力、四两拨千斤这些太极拳技击理论较为抽象,也较为晦涩难懂。因此,站在运动生物力学和运动学的角度,从理性的思维和量化的数据出发通过建立物理模型,对太极拳技击动作进行分析研究,能够客观精确地描述动作。当前对太极拳技击招法的研究仅仅局限于某一个点,主要集中于"搂膝拗步""掩手肱捶""左右蹬脚"等太极拳代表性动作的生物力学分析。张斌在《陈式太极拳掩手肱捶动作运动学分析》一文中通过对"掩手肱捶"动作运使过程中"膝关节角度、重心移动、肩关节点"变化进行研究发现,掩手动作过程中,左肩运动的幅度

---

① 姜周存. 论太极推手拳架与劲力的训练方法 [J]. 山东师范大学学报(自然科学版),1999,14(3):321-322.

大于右肩，蓄劲过程中膝关节幅度增大的同时，髋关节随之有前倾趋势。发力冲拳速度非常快，运行轨迹是由下向上发力[①]。宋渊学者撰写的《陈式太极拳揽扎衣动作生物力学分析》一文中，通过对"揽扎衣"动作演练过程中人体五大关节角度变化分析发现："关节角度变化曲线可以有效的反映太极拳动作演练的质量，专业运动员受试者髋关节松活，腿支撑力较大"[②]。王晓艳在《太极拳右蹬脚动作的生物力学特征分析》一文中通过对右蹬脚运动过程中足底压力分布、下肢肌肉表面肌电特征、关节角度类型等测试指标研究发现，太极拳练习可增强前脚掌内侧第一指骨部位触觉感受器的传入和反馈，有利于提高身体平衡能力。通过主动增强支撑腿下肢肌肉力量来提高身体重心，可以更好地维持身体在运动过程中的稳定性[③]。

当前关于太极拳技击过程的研究，主要依托生物力学的方法，通过构建生物力学模型，来阐述太极拳制胜对手的规律和原理。李凌云在《运动生物力学原理在武术运动中的应用》一文中提出利用动量减轻缓冲力的观点，太极技击中的"化劲"是此机理的典型应用。太极拳招法动作走弧线，延长了劲力作用的时间，所以小力可以起到较大的作用效果[④]。李竖锐在《浅谈太极拳推手劲力作用和机理》一文中依据胡克定律和机械能守恒定律，对推手过程中开合劲、串劲、螺旋劲作用机理进行研究，较为系统的阐述了四种劲力的力学原理，为太极拳推手过程中

[①] 张斌. 陈式太极拳掩手肱捶动作运动学分析[D]. 北京：北京体育大学，2006.
[②] 宋渊. 陈式太极拳揽扎衣动作生物力学分析[D]. 北京：北京体育大学，2011.
[③] 王晓艳. 太极拳右蹬脚动作的生物力学特征分析[D]. 杭州：浙江师范大学，2011.
[④] 李凌云. 运动生物力学原理在武术运动中的应用[D]. 济南：山东师范大学，2002.

四种劲力的运使和发放提供了科学的参考依据[①]。

刘志成、门惠丰等在《太极拳推手中掤法技术生物力学原理初探》一文中将掤法技术分成相持加力、失重缓冲、弹性加力、快速驱动、蹬地飞出五个阶段,依据三维力学及运动学参数对五个阶段的力学实质进行了研究,这些数据参数可以对"引进落空""粘连黏随"等动作要领进行定量描述,还可以对太极技击实战提供科学依据[②]。牛建华在《太极推手各阶段技术动作的表面肌电特征》一文中采用肌电测试系统来记录太极拳推手初学者与优秀运动员的肌电变化,比较分析发现,优秀太极推手运动员力量由下肢而发,经过腰传递,最后到达上肢;太极推手初学者,由于技术动作不协调,肌肉发力主要集中于上肢肌肉[③]。

顾杰、郭振兴等《用人体平面刚体模型分析太极拳在水平、垂直、横向力作用下的力学原理》一文中通过建立人体平面刚体模型,将传递力、整体动量、相对动量等力量源纳入角动量模型中,以太极推手中的弓步掤法和坐步捋两个动作为个例,将水平、垂直和横向三个方向的用力作为研究对象,对太极拳推手动作的基本力学原理进行研究。通过研究得到以下结论:水平和垂直组合用力可以有效地增加进攻能力,太极拳招法中的按法和"揽雀尾"动作是具体运用的例子。太极拳技击是身体之间的接触和碰撞过程,传递力量作用属于静态效应,整体动量和相对动量属于动态效应,人体是一个动态系统,各关节连成一个整体,所

[①] 李竖锐. 浅谈太极拳推手劲力作用和机理[J]. 湖北体育科技,2004,23(3):314-315.

[②] 刘志成,门惠丰,阚桂香. 太极拳推手中掤法技术生物力学原理初探[J]. 北京体育大学学报,1989,4:15-16.

[③] 牛建华. 太极推手各阶段技术动作的表面肌电特征[J]. 北京体育大学学报,2010,33(7):55-56.

有肢体的动量矢量之和叠加,所以在太极拳技击中"四两拨千斤"是可以实现的[①]。史有为在《太极拳推手腿部瞬间发力的运动生物力学研究》一文中通过采用运动生物力学的研究手段,对太极推手过程中腿部瞬间发力的变化过程进行研究。太极拳技击推手时,发力技术可以归纳为蓄劲、发劲、恢复等几个阶段,这几个阶段劲力的变化需要符合运动生物力学原理。优秀的太极推手运动员腿部发力时间短、速度快、爆发力强[②]。

小　结

　　太极拳作为一种肢体语言表达方式,不仅具有强身健体、修心养性的养生效果,又具有防身御敌、制人取胜的技击功能。在拳理上既结合道家阴阳理论,也结合儒家中庸之道,突出了道家用柔、用弱的逆向思维和反向用力的特征。太极拳技击讲究阴阳平衡,通过拳势来表现整体的刚柔、虚实、攻守和进退,讲究以短击长、以慢制快、后发先至的战术思想和原则,深刻把握阴阳变化的规律,将其应用于实战过程中,依据对手实际情况随感而应,顺应实战的需要,制胜对手。从精神的内蕴角度追求来讲,太极拳讲究"天人合一"思想,讲究性命双修、形神共养、内外协调,无论是太极拳动作的演练,还是太极拳技击实战,都讲

[①] 顾杰,郭振兴,马秀杰.用人体平面刚体模型分析太极拳在水平、垂直、横向力作用下的力学原理[J].邯郸学院学报,2015,25(4):92-93.

[②] 史有为.太极推手腿部瞬时发力的运动生物力学研究[J].体育科学,2003,23(2):96-98.

究内外合一。太极拳技击中的"舍己从人""引进落空"等思想处处体现"反者道之动"的技击策略和文化诉求。太极拳重视内在求悟，习拳获得一种人生体验和人生价值，追求"圆融"思想的实现，通过圆弧运动轨迹，体现"圆"的哲理。太极拳实战中表现为周身圆转自如，身手活似车轮旋转。同时，太极拳是一门哲拳，拳术动作也是联系人的身体与精神的桥梁，习拳过程中，能促进身心相互作用，注重理想的人格的锻造，提倡内外兼修、身心合一，外在则体现为人处世的圆通与待人的圆融。在太极拳本体之上，阐释太极散手技击原理，作为一种文化现象和体育活动，太极散手技理博大精深，散发着中国文化特有的气质，较为全面地表达了中国特有的文化精神、思维定势和搏击原则。所以，把太极散手作为一种特殊的文化符号和肢体语言加以考察，在方法论上具有重要的意义。

当前关于太极拳实战理论和实践方面的研究仍具有较强的局限性，这些研究都是从某一个点出发，阐述太极实战。实践是检验理论的有效标准，前人的研究为本课题的研究提供了借鉴的方法和理论指导。无论是"点"的研究还是"面"的研究，综合来说目的都是为了使太极散手技击理论研究系统化、科学化，从而不断充实和完善太极拳实战理论体系，并应用于指导太极拳实践当中。

第二章　厘清概念：散手、太极散手、国外格斗术之辩

概念的产生是人们认识过程的质变。不同项目的概念反映不同对象本质属性的思维形式，也是人们对事物进行逻辑分析、推理与论证的思维起点。当前，如果我们只是将"散手""散打""太极散手"的认识停留在"了悟"而不是"论证"阶段，就会影响我们对事物的认识，讨论也难免具有随意性。因此，我们非常有必要将"散手""散打""太极散手"的概念和内涵予以讨论。

第一节　"散打""散手"之辩

一、散手发展历史钩沉

散手有着悠久的历史和广泛的群众基础。《礼记·王制》一文中记载："执技论力，适四方，赢股肱，决射御。"表明商周时期，已经有用"执技论力，赢股肱"来决定胜负的相搏之技。古籍《释方》曾经记载："相搏，搏谓广搏以击之，然举手击要，终在扑也。"表明当

时已经有了通过对抗"执技论力"来决定胜负的比赛形式。秦汉时期，叫作手搏；四川新都出土的汉画像石和河南密县东汉墓室画像石壁画中有"手搏对峙形象"；隋唐时期，手搏竞赛繁荣发展，受到人们的喜爱。手搏规则中对于体重分级没有明确要求，比赛中主要采用踢、打、摔、拿等技法，比赛中没有护具，犯规判罚不明显。宋代"手搏"作为强身、活动手足的主要方法。《宋史·兵志》记载："手搏虽不切于用，而亦习其手臂。"手搏在民间更为流行，在京城，护国寺周围搭建擂台，各道郡高手都可比赛。比赛中可以"拽直拳""使横拳"，说明冲拳和贯拳已经是散手中的重要拳法。散手的健身性和娱乐性，在宋代著作中多有体现，宋人调露子认为："以前肱为格击，手赤来取负。""手搏"比赛紧张、激烈，观众众多。元明时期，"手搏"技艺仍然在发展。戚继光认为"拳勇较技，活动手足，勤惯肢体"。当时，"手搏"并没有很好地解决安全问题，为了解决双方的纠纷，比赛前需要签写生死文书。清代，拳术发展较为成熟，打法多样，不同拳种流派之间也通常经过切磋发展武艺。"打擂"在民间较为流行，民国初期，武风开禁，拳技蓬勃发展。1928年，第1届"国术国考"中设有散手比赛，比赛不限制流派，不按体重分级，可以采用手、肘、膝、脚攻击对手得分。1933年，南京举办"全国运动大会"，比赛中按照体重分级，带有护具，比赛没有时间限制。新中国成立以后，为了继承和发展中国武术文化遗产，检验武术攻防格斗技术，丰富武术套路内容，加强攻防意识，吸引更多青少年参加武术活动，国家体委决定在北京体院、武汉体院和浙江省体委进行武术对抗性运动项目的试点训练。1979年全国试点比赛，为了规范比赛名称和术语，将比赛名称统一为"散手"；2009年，国家体育总局武术运动管理中心和中国武术研究院在郑州召开听证会，将比赛名称由"散手"改为"散打"。经过几十年的发展，散手比赛较为规范，竞赛规则较为完善，拥有较高的社会影响力和知名度。

二、"散手"与"散打"之间的辩证关系

（一）概念之辩

散手古称"相搏、手搏、白打、相散手等"。由于徒手相搏的运动形式在台子上进行，又称"打擂台"[①]。散手实战的本质之道是诡道。《越女论剑道》中记载："凡手战之道，内实精神，外示安仪，见之似好妇，夺之似惧虎，布形气候，与神俱往。"这是实战的精神状态与思想意识的要求，其中已经包含攻防实战之道的诡诈和凶残的性质。散手实战具有拼杀性、应急性、无规则性等特点。

散打是指以踢、打、摔为主要运动手段，以两人对抗比赛为表现形式，以竞赛规则为行为指南，以提高格斗素质为行为目的的民族传统体育项目[②]。散打是中国武术中的重要组成部分，是武术向外推广中的一个重要体育项目。散打运动以踢、打、摔作为技术基础，以武术理论作为项目理论依据，用一种新颖的对抗形式来反映武术技击的本质内容。散打也从深层次挖掘整理出了武术技法中的核心内容，体现实用性和可操作性。从一定程度上来讲散打运动是依据世界格斗发展的趋势，遵循格斗规律，对武术技击方法的创新运用。

---

① 张山. 中国散手[M]. 北京：人民体育出版社，1990：1-3.
② 曾于久. 武术散打训练新论[M]. 北京：人民体育出版社，2013：1-9.

（二）形式与内涵之辩

"传统散手"与"现代散打"运动在形式和内涵上皆有显著的区别。首先，在形式上来讲，传统武术中的"散手"表现形式不仅包括"踢、打、摔"等技法，还包括"拿、跌、靠"等招法；现代散打运动，由于竞赛规则的限制，在比赛中只允许使用"踢、打、摔"等技法。

从内涵上来讲，散手运动更多地体现一种思维，也是一种战术理念。散手体现出武术技击的应急性、无规则性。散手招法几乎都是来源变化的实战中，追求对实战现场的把握，体现出技击实战的生死拼杀性质。而散打更多地体现为攻防技术的运用以取得比赛胜利为目的。散手实战没有技术限制、没有保护措施、没有规则调控，而且双方的胜负评判，是以摧毁对方、制服对手为依据的[①]。现代散打比赛，对技术的运用有限制，比赛的开始、中断、结束都是在裁判的有效控制下完成的。而散手作为技击的表现形式，从未受到过体育竞赛规则意识的制约。因此，现代散打运动通过对传统武术技法进行总结和继承，适当地创新和改革，高度地凝练和融合，构建了较为系统的现代攻防格斗技术体系，注重体现规范性、科学性和人文情怀。

[①] 乔凤杰. 文化符号：武术[M]. 北京：社会科学出版社，2014：103-139.

第二节 太极散手之辩

一、太极散手概念的历史溯源

太极散手是在太极推手的基础上演化而来的。太极推手，有多种称谓，早期在陈家沟有打手之称，也称挤手、散手、搭手。关于太极推手的起源，目前比较有权威的说法是唐豪先生所提出的陈王廷"创造了双人推手的竞技运动"。原因在于俞大猷、戚继光、唐顺之、何良臣等撰写的武术典籍著作中，没有关于推手的记载，而陈王廷所创的推手运动，解决了不用护具也可以练习徒手搏斗技巧的问题。唐豪先生提出："太极推手的方法，以缠绕螺旋为核心内容，结合擒拿、跌、打等技巧，拿法不限于拿人的骨节，而着重拿人的劲路。"由此可知，陈王廷所创的推手方法，技击性强，对抗性也很强。唐豪先生作为武术史学专家，确实对武术史学研究做出了巨大贡献。然而，从学术探索的角度来讲，除了太极拳有推手，各拳种也有相似的攻防方法，名称虽然不同，实际含义确有相似。如形意拳叫"撕手"、咏春拳叫"黏手"、花拳叫"抄手"。从本质上来说，推手是中国武术格斗体系中由近体格斗向离体格斗转换的一个训练过程。散手相比较推手而言，更能体现中国武术格斗的特点。史料中，关于太极散手的记载较少，查阅太极拳的有关专著，只有《陈微明武学辑注》一书中提出了"太极散手"与其他拳种"散手"的明确区别。

《陈微明武学辑注》关于太极散手的记载为："太极拳七十余式，

均是散手；太极拳散手之变化，均由推手听劲而来。太极之散手，与其他拳种之散手不同。太极之散手，是由粘住听劲而出。其他拳种之散手，是离开而各实施其手脚，远则彼此不相及，近身则互相抱扭，仍有力者胜。"[①] 杨澄甫先生认为："太极拳散手，随机应变，无一定法，若会听劲则闻一知百，若不会听劲，虽知多法，亦用不好。"依据历史典籍，梳理总结可以得出太极散手概念的缘起。

二、太极散手概念诠释

（一）概念界定遵循的原则和方法

传统逻辑认为正确的概念界定必须遵循以下原则：首先，定义项和被定义项的外延是全同关系；其次，定义项中不能有含混或比喻的语词；最后，定义项中不能直接或间接包括被定义项。

依照逻辑学原理，给概念下定义的方法是"属+种差"。最早的定义公式由古罗马逻辑学家波爱修提出："属"是指找出与它最近的属概念；"种差"是指本质属性。因此，对太极散手下定义必须遵循这样一个法则，即首先找到太极散手的临近属概念；其次找出太极散手的本质属性。

（二）太极散手概念界定

太极散手概念界定为两人互为对手，各自运用太极拳的技击原理和

[①] 陈微明. 陈微明武学辑注［M］.北京：北京科学技术出版社，2016：186-188.

第二章　厘清概念：散手、太极散手、国外格斗术之辩

各种攻防的技战术，彼此粘连黏随，通过肌肤的触觉和视觉，判断对方的劲别、攻防方法及意图，综合运用踢、打、摔、拿、推等技术，在得机得势时，施以最有效的招法，在最短时间内，以最快的速度制胜对手的对抗运动。太极散手是在太极推手基础之上演化而来，是最高层次技击术的展示。故，太极拳修炼由三个部分组成，分别是"拳架"为体，推手为用，太极散手则是体用结合的最高形式（如图3所示）。

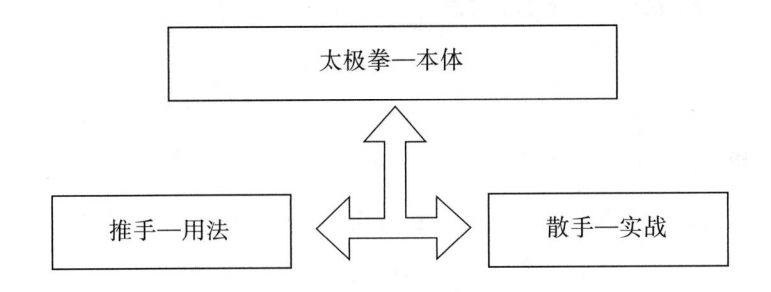

图3　太极拳、推手与散手之间的关系

"拳架"为知己功夫，"太极推手"为知人功夫，"太极散手"则为实战功夫。太极散手充分体现了太极拳"道"的博大精深的技击原理以及容纳百川的兼容性。太极散手是推手的终极境界，实战过程中不动则已，动如雷霆万钧。太极散手技术体系是建立在太极拳技艺精华基础之上的，并不是"无源之水"。太极散手技术特点就是以圆融、雄浑的整体劲力作为技法的基础，讲究"轴轮规律"的运用；己方走内圈，黏粘逼迫对手，置其于外圈。讲究最短距离、最佳时机、最有效方法的综合运用从而制胜对手，取得最好效果。正所谓"拳无拳意无意，无形无象，无声无息"[①]。实战中，则有阴阳混成、刚柔相济、不思而得

---

① 王广西. 中国功夫［M］. 深圳：海天出版社，2006：28-29.

之境界。太极散手功夫也是"知己功夫",实战中"心法明了"、技法娴熟,珠联璧合之境,临阵镇静自若,泰然处之。应敌时悠来即往,随曲就伸,随人所动,避实击虚,柔化刚发,后发先至。攻防招式皆随机应变,不守套路模式,捕捉对手细微攻击信息,反应速度极快,信手而应,犯者立仆。

三、太极散手招法之辩

太极散手是在黏住对手的基础上,用太极的掤、捋、挤、按、採、挒、肘、靠等技术方法,破坏对手的身体重心,并使对方倒地、出圈、下擂或控制住对手,体现太极拳的技法特点和劲力运使的效果。依据人体生理解剖学结构原理和攻防实战的具体要求,将技击攻打的部位分为上、中、下三个部分。以下,对进攻部位和招法动作的运用予以详细论述。

(一)在进攻中,使用有接触点的击打

在太极散手实战中可以使用有接触点的击打。即指某上肢的动作在粘连黏随的前提下,用肘、拳、掌或前臂粘黏住对方的肢体,用拳、掌、勾或臂肘击打对方的胸、腹、肋,触发和攻击部位限于颈部以下部位。即指上肢特别是两手的触发和攻击部位限于颈部以下部位也就是颈部以下至两脚之间的部位,除了颈部和裆部不能用任何方法攻击,其他部位都可以用掤、捋、挤、按、採、挒、肘、靠等技术方法,破坏对方的重心和平衡能力,并使对方倒地、出圈或下擂,体现

太极拳的技法和劲力发放的效果。下面着重对太极散手常用的八法进行界定并予以阐述。

1. 掤和"掤劲"概念界定

掤是肢体向外四面八方撑开掤接他人进攻动作的方法。"掤劲"是肢体向外四面八方掤撑，要求有向内回收的弹性劲力。掤是为感觉对方进攻动作和劲力的大小、方向所做的方法，太极拳散手对抗时，不只是用手臂掤劲，而且全身各部位都要有掤劲。这样才能处处感觉对手向自己进攻发力的大小、方向和意图，以便使自己做出防守和化解的措施，并要作到"掤须圆撑要始终"的要求。

掤是太极散手的"总手"，也是散手中的接手。拳谚曰："八法为掤首"。所谓太极乃棉里藏针之艺术，这里所藏之"针"，便是掤劲。《太极拳体用全书》中记载："掤法向外，驾御敌人之按手，使不得按至胸脯贴近；其用法，忌板滞，又忌迟重。"出手掤劲似围墙，意气鼓荡，"劲"力圆且满，能圆则灵，能满则活。"掤手"手臂屈肘大于直角，呈半月圆撑的姿势。从力学原理上面讲拱形的抗压能力强于其他形状。"掤撑"肩部腋下要求虚空，像装有弹簧一样，同时要以腰为轴，一动俱动。拳谚云："人无刚骨，安身不牢；拳无刚柔，出手无效。""掤"要求贯穿于太极招法的始终，如果丢了"掤劲"，就成了没有骨力的"软手"。"掤"劲，刚柔相济、如棉裹铁，向各个方向富有弹性和韧性的劲力。

2. 捋和"捋劲"概念界定

捋是两手或肢体向后、向左右、向上下牵引对手两臂或肢体的进攻方法。"捋劲"是两手或肢体向后、向左右、向上下牵引对手的劲力。在太极散手过程中,作"捋"这个动作时,一定要顺着对手的方向做。这样能起到事半功倍的效果。捋可以使用单手捋、双手捋、臂捋、胸捋、腹捋、胯捋、腿捋等。

"捋手"是利用摩擦力就势黏化,将对手劲力引向己方身体外侧使之落空。"捋劲"圆活柔顺,顺势而取,上下相随,不急不滞。捋之为引,核心全赖转腰,腰、胯、肘、膝相合,身法圆润和顺,步法稳固厚重。"捋手"是近身之手,要求符合沉肩坠肘,腕不贴胸,肘不离肋。肘不贴肋,一方面有利于腋窝保持悬空,肘部有回旋的余地;肘不离肋,有利于保护两肋和两腰等要害部位。《八手歌》言:"捋劲义何解,引导使之前;顺其来势力,引之使长延,轻灵不丢顶,力尽自然空。"

3. 挤和"挤劲"概念界定

挤是两臂或某一肢体向外挤推对手的进攻方法。"挤劲"是指两臂或肢体某一部分向外挤推对方的劲力。在推手中,如被对手所捋时,可顺势进步搭挤,挤时用劲要猛而快,但注意不要只用手臂之力,要用意引腰腿之力,上体不能歪斜,重心要稳定。或在对方动作回撤时,我方抓住对方将要回撤的瞬间用挤法将对手挤出。总之,用挤法时一定要等到对方进攻动作回撤的瞬间做挤,方能有效果。而且要求变换劲力的方向,劲力由直劲而变成横劲。所谓"挤须彼撤要得横"即"挤要横"。

《太极拳九诀八十一式注解》言:"挤要横排"[①]横排要求借助肘

---

① 吴孟侠,吴兆峰. 太极拳九诀八十一式注解[M]. 北京:人民体育出版社,1958.

劲，得势得力，气势沉雄，劲力浑厚。挤要横，注意不能扬肘，肘要求低于手腕，做到肘不离肋，肘不贴肋，两臂中正圆撑，肘不过膝为度。挤法的运用，要求靠近身体，发挥两手和两肘的合力。其次，"轻挤得虚实"，"轻挤"就是"虚挤"，实指引诱性或试探性的假挤，不能贴实或搭实，必须是轻挤。由于"挤"为进攻性的手法，力量较大，易被对手放空劲。因此，需要养成立身中正，上下相随的好习惯，避免身体倾斜、两肩歪斜，立身不正的现象。

4. 按和"按劲"概念界定

按是两掌或单掌向下、向前上、向后下、向左右推击和按压对手的攻防方法。"按劲"是指两掌或单掌向下、向前上、向后下、向左右推击和按压他人的一种劲。按法攻防皆可用，当对方推按自己的胸部以下部位时，自己可搭手按于对方手臂上，引化下按对方，当对方受制回收手臂时，自己再顺势按出，使对手后跌。按除接引对手后再按出对方时用长劲外，还可以在对方按自己时，自己可用两掌快速向下或侧下方用截劲按打对方手臂，使对手重心前跌，按时自身要中正，沉肩坠肘、松腰、沉胯、圆裆，但关键是要掌握"胯攻走弧形"的要点。

"按劲"发放时，全身劲力要求整合。著名武术理论家沈寿先生认为："若只用上肢而不用腰攻，那就成了垂柳拂面，纵然有风力可借，也只能掸灰拂尘，又何能把人按出。"《八手歌》言："按劲，运用似水行，柔中寓刚，急流势难挡。遇高则澎满，遇洼则向下潜。"依上可知按劲，柔中带刚，顺敌方之来势，曲以蓄劲，直以发放。

5. 採和"採劲"概念界定

採是指用手粘拿住对方之手或腕，往下或一侧沉採的攻防方法。"採劲"则是己方用单手或双手粘拿彼方的手腕，往下或一侧快速採拿对方的劲力。採法与捋法基本相似，"採劲"比"捋劲"要快速敏捷，"採劲"短促，粘拿对手腕要实，十指拿紧，不能放松。採时重心要稳定、坐腿、坐胯、转腰要协调一致，意气下沉，目视所採方向，力贯于手和十指。

採的作用有两种：一是钳制，二是发放。"採劲"带有抛掷之势，借助离心力或反作用力，顺势借力，才能达到四两拨千斤的效果。採时，要求审时度势。沈寿先生认为："采人犹如用绳子拉倒木桩一样，对方前倾，我便由上而下采其上肢；对方后仰，我便由下而上采其下肢，目的都在于使其失衡跌倒。""採劲"的运用遵循採前要轻、採时要实和採后即放的三步曲。採前要轻，指採前的动作要求轻灵；採时要实，指採时要实实在在的拿住对手的活节，这样才能起到钳制和控制对手之目的；採后即放，有利于后招的发放。因此，攻防过程中，要求随曲就伸，敌我一体，我顺人背，顺势借力拔其根，达到制胜对手的效果。

6. 挒和"挒劲"概念界定

挒是一手抓拿对方之手或臂，或用下肢固定对方下肢，另一手或臂，或用下肢固定对方下肢，另一手或臂向反方向发劲，使对方身体或某一肢体旋翻倒地或肢体损伤折断的攻防方法。"挒劲"是肢体某一部位和另一部位力点不同和方向相反所发出的一种"旋翻合力"，在太极散手中的抹脖、拌腿挒胸、拿腕撅臂、拿腕、插胯、搬臂、挂踏等动作都属于挒法、挒劲的运用，所以说"挒须旋翻扳倒惊"。《用武要言》曰："身手齐到始为真，手到身不到，击敌不得妙；手到身亦到，破敌如摧草。"因此，挒手要求以腰为轴，上下相随，全身劲力完整一体。挒手主要用于进攻对手，也可以用于防守。《八字诀》言："避人攻守要采挒，力在惊弹走螺旋。"意思是说，挒手的动作要领在于"惊弹"和走螺旋，动作要求敏捷，动若惊雷，使人不及掩耳；另外，挒手应用，需要控制与对手的距离和高度，远则无效，过低无效。

7. 肘和"肘劲"概念界定

肘法是指用前臂或者肘尖，近身攻击对方的方法。"肘劲"是前臂或者肘尖攻击对方所发出的一种滚压、推挫、冲顶、撞击短促猛烈的劲。拳之术语有："远用手、近用肘，肘凶猛于手。"在太极拳散手中用法很多，有滚肘、压肘、推挫、冲顶、撞击、栽肘、格挂。注意在使用肘法时，要快速迅猛，使用冲顶、撞击肘法时，要迅猛快速；使用滚压、横裹、格挂时，要有一种螺旋缠绕劲。

《全体大用诀》言："贴身靠近横肘上。"肘在屈使，使用肘法，要求肘关节弯曲成一定的角度，上臂和前臂避免紧贴造成僵滞。"顶肘"主要有横顶和直顶两种。运用肘法的时候，速度要快，力量要大，突发性要强。《八字诀》言："逞势进取贴身肘。"用肘击人，应有相当的距离，当己方的一臂、腕关节被擒拿时，己方的肘部可以贴近彼方的胸和肋部，顺势屈肘击打，从而制胜彼方。

8. 靠和"靠劲"概念界定

靠是与对手贴身时某一肢体靠对手的进攻方法。"靠劲"是指肢体某一部位靠击对手所发出的一种劲。《太极拳八法》说："用靠必须接近敌身。""靠劲"常用在双方贴身时，劲力发放要整，"靠须贴身劲要崩"。根据进攻部位不同，主要有肩靠、臀靠、胸靠、背靠、胯靠等几种。时机的把握是决定靠法运用的决定性因素，在得机得势的情况下使用，可以有效地靠击对手。

《拳经总歌》记载："纵放屈伸人莫知，诸靠缠绕我皆依。"靠在太极散手对抗中有重要意义，相靠才能懂劲，然后可粘连黏随以击敌。拳谚曰："远拳近肘贴身靠。"《八法诀》言："靠崩必贴身。"贴身则指己彼二者之间相对距离而言。靠时必须有适当的距离，腰腿劲力要整；进攻时，步法要顺入，肩胯要求相互协调配合，上下相随，立身中正，充分发挥靠法的"崩炸"作用，所以"靠要崩"。

（二）攻击对方的下肢部位（膝盖以下）

在太极散手对抗中，使用腿部粘贴的衬、套腿法时，必须是双方接触情况之下，如果攻防双方不接触，不能使用此种方法。而且衬、套腿法使用勾、拦、拌、挂、别、崩、带等几种腿法。下面，对几种腿法进行概念界定。

勾：指脚尖勾起内扣，用脚和踝关节内侧勾住对方的踝、小腿和腘窝称为勾。如勾住对方的踝关节、小腿或腘窝。

拦：指一腿站立，另一腿和小腿抬起向前或向左、向右阻拦住对方踝、小腿的动作称为拦。如果用右脚和小腿拦住对方的架梁摔，用右脚拦住对方的左踝，向右侧摔等属于配合上肢的摔法动作。

拌：指一腿站立，另一腿固定在对方一腿或两腿的后面或前面向后或向前用力固拌对方，并配合上肢动作使对方倒地的一种腿法。如一腿固拌在对方一腿或两腿后面，使对方后倒；一腿固定在对方一腿或两腿前面，使对方前倒等都属于拌法。

挂：指一腿站立，另一脚尖勾起内扣向斜上方勾住对方或用小腿向后上方勾住提起对方踝关节、小腿、腘窝称为挂。如用右脚勾挂对方的左踝关节右手採其左腕部使其倒地；或用小腿向后上方勾挂对方腘窝两手前推其胸部或肩部，使对方后倒都属于挂腿法。

别：指一腿站立，一腿抬起固定住对方的支撑腿向后、向上用力，上体向别腿反方向拧扭并且配合上肢动作，使对方翻转倒地称为别。如己方用右腿别住对方右腿向后上方用力，上体向左前下方转体并配合两手向左前下方使用採、挒劲将对方翻转摔倒。

崩：指一腿站立，另一腿固贴住对方一腿或两腿，突然发力崩对方的腿部使对方向后或向前倒地称为崩。

带：指一腿站立，另一腿脚尖勾起内扣勾住对方的踝关节方向向后或向左、向右拖拉或用脚跟和踝关节后侧或向后或斜后方拖拉对方的踝关节称为带。如对方大捋己方之右臂，己方顺势顺化对方的捋，右脚跟进，随之用己方右踝向后拖拉对方的左踝关节，使对方能够前扑。

（三）攻防过程中可以使用擒拿手法

在太极散手实战过程中，双方掤、捋、挤、按盘手的过程中，可以使用擒拿技法，达到制胜对手的目的。常用的擒拿法有旋拧、刁手、扣手、撅指、撅腕、折撅等。

旋拧：当彼方抓己方腕部时，己方向前顶肘，用力向其拇指方向旋拧，利用己方前臂在其拇指和食指抓握圈中的杠杆作用，不仅可以脱离彼方的抓握控制，己方还可以顺势实施擒拿。

刁手：彼方用右拳击打己方，己方以右手沿彼方手臂外侧格拦其前臂肘部，在接触的瞬间快速翻腕，用掌沿其手臂滑向彼方的手腕，边滑动，边扣指；己方用右手中指、无名指和小指用力并与腕部合力，刁拿彼方前臂或腕部。

扣手：攻防过程中，当彼方用右手抓握或击打己方肢体时，己方用手压彼方之手臂，将其手压紧在接触部位，同时己方拇指在其手的虎口部位，四指在其小指外沿小鱼际处，己方顺彼方用力抽回时，快速收拢五指，扣彼方的手指或掌，采用相应的技法，形成擒拿。

撅指：实战过程中，彼方用手抓握己方时，己方可以用拇指配合四指，快速拿对方拇指或其余各指；同时拇指用力回扣，食指指根向拇指方向，顶彼方的指节，造成对方关节剧烈疼痛，前臂外旋，辅助另外一手，彼方必被己方擒拿住。

撅腕：当彼方用手臂攻击或者抓握己方时，己方顺势快速抓握彼方四肢或手掌，用力向回扣腕，四指用力向后，向下扣压，手掌虎口处配合拇指也用力向前下扣，形成一对对偶力，使对方腕关节背折，同时彼方指关节也受到反关节顶压，造成剧痛，彼方失去抵抗能力。

折撅：当彼方拿己方四指之时，己方中指、无名指和小指用力回扣，手掌虎口处配合拇指用力向前顶压，同时五指合力扣拿彼方手掌，使彼方四指向其前臂尺骨侧折撅，彼方腕关节由于内收过度，引起腕关节剧痛，使其前臂内旋，肩肘关节强直而形成擒拿。

（四）太极散手实战中可以使用摔法

摔法是双方在搏击实战中，身体相互搂抱、贴靠、想方设法将对手摔倒的一种技击方法[①]。技击摔法一般结合踢、打等技术，运用灵活多变的技术摔倒对手。既有主动进攻的摔法，也有变被动为主动，反败为胜的摔法。摔法技术讲究实用，技击特点变化多端，以巧取胜，借力打力。常用的太极散手摔法有臀顶摔、过肩摔、别腿摔、勾腿摔、拧摔、抱腿拌摔。

臀顶摔：彼方用右手直拳攻击己方头部，己方顺势以左手控制其右臂，同时右脚上步插入彼方两脚之间，脚尖内扣，右手穿过彼方左腋下搂住其腰，己方右臀顶住彼方腹部，使彼方重心上提，向左下弯腰，左手顺势往下拉，采用扳倒合力将彼方摔倒在地，使其失去进攻能力。

过肩摔：攻防实战过程中，彼方用右拳攻击己方，己方以左手粘拿住彼方右手腕，同时右脚上步左转180°，在转体的同时将对手牵拉，用右手抓住其右肘部，用臀部顶住其腹部，己方上体前俯，双手下拉将对手扛过右肩，摔倒在地。

别腿摔：己方和彼方对峙，彼方以右拳攻击己方，己方顺势捋住彼方右手，向后引带。同时，身体下潜，右脚移至彼方右脚外侧，己方身体左转，右手插至彼方右膝外侧。随之，己方身体左拧，左手顺势向左后拉，拧腰、转髋、拉臂合力，将彼方摔倒在地。

勾腿摔：己方和彼方对峙，彼方以左拳攻击己方，己方用左手粘拿

[①] 吴忠农，张华达. 踢、打、摔、拿[M]. 北京：北京体育学院出版社，1992：120-121.

住彼方左腕；同时重心前移，己方以左脚为支撑，右脚脚尖内扣勾彼方的左脚跟，将彼方勾起；随之，右手插入彼方左臂下，以掌根为力点，向后击打，配合勾腿，形成一个搓力，将彼方摔倒在地。

拧摔：彼方以右鞭腿攻己方的腹部，己方左手顺势粘拿住彼方脚后跟，右手控制彼方脚尖；同时己方腹部前顶，两腿屈膝，向右压彼方身体；己方右手下压，左手右推，将彼方拧倒在地。

抱腿拌摔：己方和彼方对峙，彼方用腿法攻击己方，己方粘拿住彼方之小腿，固定彼方踝关节，身体重心下降，己方左腿支撑，右腿插入彼方裆部，顺势用小腿和后脚跟击打彼方左小腿后部，己方身体左拧转，将彼方摔、拌在地。

四、太极散手内涵诠释

（一）策略："占中求圆"

太极散手中的进攻和防守是立体、全方位的，体现了"圆整体性"运动规律，更体现出"圆融精妙"[1]的特征。"一动无有不动，周身一家"这是"浑圆运动观"的理论核心。太极散手强调实战过程中，攻守要平衡，不留给对手可乘之机，即所谓"占中"。"中"是平衡、是和谐，"不偏谓之中，不易谓之庸"。在恒动的天地中，在不断变化中，能够随时把握平衡，在动态平衡的不断调整中，展现出外在不变的泰然自若。太极散手姿势"占中求圆"，在攻防上的目的则是"守中取势。"己方要求"抱元守一、气象浑然"，让对手捉摸不定，无法适

---

[1] 马建勋. 圆点哲学［M］.广州：广东人民出版社，1998：83-85.

从。"守中"需要招法呼应，身体支撑八面，劲法刚柔并济，内外合一，周身一家。一方面"舍己从人"探究消息；另一方面有感则应，随机就势，保持自身阴阳平衡之状态；第三方面从战略战术角度讲，"先为不可胜"，保持"持中尚和"的倾向，从自身实际出发，抓住最佳时机，后发制胜对手。《孙子兵法》说："昔之善战者，先为不可胜，以待敌之可胜。"先置于自己于不败之地，而追求最终制胜敌人。从中国传统哲学方法论上讲，"用中"反映了"中庸之道"，攻防皆求态度上的不卑不亢，劲力上的不偏不倚，动作上的无过不及，关系上的不丢不顶。拳谚曰："拳者，权也。"即权衡和协调各种力量和关系。所以太极散手中的"圆"可以引申为"虚""方""空"。

（二）招法：精妙空透

太极修炼要求"拳要空"。与人交手讲究"四梢空接手"，更要"妙手空空"。《走架打手手工要言》曰："妙手空空。""圆"代表"空"，《说文解字》解释为："窍也，从穴工声。"空是穴，是窍，是窟窿。引申扩大范围之后，空也可以用来表示空间、空当或虚空，也就是没有。拳谚曰："虚者，空也。"太极拳宗师孙禄堂说："心中要有空虚之像。"太极拳以分虚实为第一义，太极以虚空为本，以虚实为体。太极散手劲力最高境界是"圆融"，无形无象，全身透空。太极劲力修炼虚而又虚，空而又空，全体透空，是太极追求的上乘境界。太极劲力修炼谓之阴空，看不见，摸不着，无形而抽象。杨澄甫先生在《太极拳十要》中提出："气血流注，日日灌输，周流全身，无时停滞，久久练习，则得内劲。"把有形有象之形体，虚空到无形无体。招法劲力纯清，轻灵圆融，好似"水中泛舟"[①]。"妙手空空"可以用来形容太极散手高层次境地。《太极拳经谱》记载："浑然无迹，妙手空空，若有鬼神，助我虚灵，岂知我心，只守一敬。"这里的"妙手"指的是太极散手的招法，或者全面地说是应敌之法。妙手空空指的是随机应变的神来之笔，而不是拆招对练般的按方抓药。老子说："故常无，欲以观其妙。"精到的道理叫"妙理"，幽深的重点叫"妙旨"，高明的计谋称作"妙略"，称赞文章之美为"妙笔"，恰到好处的效果就是"妙用"[②]。太极散手真正的妙用，不是提前准备好的你来我往，而是不期而然的自然反应，一定是浑然无迹、应感而发、随心所欲，浑身是手招无缝之境界。归根到底，处处体现周身浑圆一体，无破绽，应敌自如，从而无招胜有招"圆"的境界。

（三）理念：方圆互用

太极象形取意，方圆融合，非圆即方。《管子》记载："能大圆者体乎大方。"太极拳，以圆规为妙，以方矩为高。圆者理明，方者自通。圆者，周也，周正不偏，周全运化，如环无端，循环往复；圆者，润也，圆润活泼，圆活机变。太极拳性本浑圆，圆融为妙。太极散手攻防以招法为用，招法必然具有方正平稳的结构特点，构架最好的形式是方。开展为方，"以圆含方，以方局圆"[③]。肢体动作处处循圆，内劲运转圆活连贯，"柔圆刚方"，开合连环，方圆结合。太极散手以方

[①] 庞大明. 武式太极拳阐秘［M］. 太原：山西科学技术出版社，2005：20-21.

[②] 关玥. 拳意禅心［M］. 太原：山西科学技术出版社，2015：60-65.

[③] 王志远. 杨式太极拳诠释：理论篇［M］. 北京：人民体育出版社，2004：77-78.

架立势，以圆融入境。功夫纯熟之后，定点有方。动作中的劲别，在"圆"中表现出来，此所谓"圆中寓方"。太极散手之妙在于方圆互用，"方"缺乏圆转，则会停滞；刚而乏柔，陷于犷霸；有圆转无方劲，则为柔而乏刚，陷于媚俗。拳谚记载："只圆无方是滑拳，只方无圆是硬拳。"因此，劲力圆融是武功修炼的较高境界体现。太极散手攻防之妙又在于方圆相生，圆乎规，方乎矩，方圆规矩当能转化，拳法虽分方圆而求其浑然一体。太极绝句说："动静无端随势转，引进落空随人来。"功夫阶级神明，方圆兼备，处处太极。

五、"技理"之辩

"技理"包含"技"和"理"两个层面的内容。"理"指"原理"，是对规律的阐释，具体是指在观察实践的基础上，经过归纳总结、概括而得出的基本规律。"技"在《辞海》中解释为手艺、本领、技术。《说文》中记载："技，巧也。"《庄子》中记载："能有所艺者技也。""技理"则可以总结归纳为技术的内在原理。本文中所界定的"技理"，是实战原理，所描述的太极散手技理，是从太极散手实战出发，对实战规律进行阐释，既有技术层面也有内在规律层面的内容。

（一）散打与太极散手之辩

散打与太极散手二者之间既相互区别，也相互联系。二者之间的相互联系表现为以下四个方面：首先，都讲究以不变应万变，依据对手的招法变化而变化，都讲究出手如闪电，击人如迅雷；其次，都讲究"拳无空出，腿无空回"，即攻防一体，攻中有防，防中有攻；再次，二者都是实战功夫，都是高级阶段的搏击术，追求搏击对抗，都具有实用价值；最后，二者都以武术攻防技击方法和技击原则作为其支柱，传统武术的技法和攻防技击原理是其"源头活水"，二者之间的区别主要从形式和内涵两方面入手来辩证分析。

1. 运动形式之辩

（1）环中圆化

从运动形式上来讲，招法动作表现不同。散打以踢、打、摔为其技术核心；太极散手招法动作以踢、打、摔、拿、推法动作作为其攻防的核心技法。散打运动讲究直接对抗，动作运动的轨迹主要是直线；太极散手实战动作的轨迹是"圆"，通过"圆"的运动，在黏住对手劲力的基础上"引化对手的力"，讲究攻防主动权的控制与运用，在得机得势的条件下发放对手。以"圆"为核心的太极散手运动体现了中国传统文化的精髓。"拳为圆中求，艺由圆中来"，太极拳的拳理与中国传统哲学思想如出一辙，提倡"处处走弧，势势成圆"[1]。从拳术的角度讲，太极散手动作的轮廓是"圆"，以圆为势，动作弧形成圆，圆与弧形连绵不断。在拳法中，"圆"代表着一种内聚的力，同时又蕴含无形与开放。圆中含方，以方局圆。谚语说："横撑开放，光线茫茫谓之方；提抱含蓄，中藏生气谓之圆。"意思是说太极散手动作演练时有一种"向外散的张力，同时又寓意有形和封闭"[2]。攻防实战过程中要做到"立

---

[1] 马虹. 陈式太极拳拳理阐微［M］.北京：北京体育大学出版社，2010：26-27.

[2] 程大力. 太极无非"圆"与"变"［J］.搏击武术科学，2007，4（1）：1-2.

如平准，活似车轮"，"站立姿势就像平衡了的秤准一样，既要稳又要灵活；运动时要以腰为发端，带动四肢，就像车轴带动车轮那样轻灵圆活"[1]。"圆"是太极散手之形，更是之本。招法不离弧形，招招成圆。拳法讲究"不划圆，不成拳"，太极"尚象制器""以道论器""器道并重"[2]，"圆"运动是太极散手运动的精华所在。

（2）缠丝螺旋

散打强调以直进、快速、对抗的思维和具体招式展开实战。在此过程中体现出明显的割裂思维，彼方和己方截然二分，攻方和守方截然二分。太极散手则强调"整体"观念，在实战过程中依靠独具特色的理念和操作方法使动作体现出"旋转"和"缠丝螺旋"的特点。实战中，彼方攻击动作一旦接触己方任意部位，己方会以中线为轴，不失中位，主动有意识制造自身各种细节部位的缠绕和螺旋，通过螺旋缠绕，将对手的动作和劲力卸掉。己方通过螺旋缠绕之动作如同麻绳将劲力集中于一点，即强调整体劲力，防中带攻从而制胜对手。"缠丝螺旋"是实战中常用的控制方法，通过缠绕可以形成擒拿控制，在控制的基础上可以发放、击打对手。从方向上，将缠的方法分为"顺"和"逆"两种；从"缠击"的不同部位，可以分为"缠腰、缠腕、缠腿、缠臂、圈拳"等。例如，实战中"圈腿"技法的应用，接黏对手的小腿，顺势旋拧、转动对手之脚踝，形成对对手腿部的锁拿。"缠丝螺旋"要求边缠

---

[1] 牛春明，孟宪民，陈海鹰. 牛春明太极拳及珍藏手抄老谱[M]. 北京：当代中国出版社，2015：86-86.

[2] 康德强. 太极拳——器道并重的人体技艺文化体系[J]. 上海体育学院学报，2010，34（1）：87-88.

边进，随曲就伸，黏拿对手，线路清晰。"缠丝螺旋"从一定程度上来讲，追求对己方招法的控制。

2. 内涵之辩

散打运动以制胜对手、取得优异比赛成绩为目的，因此招法和战术讲究简洁、实用。太极散手技击理论的提出是建立在太极拳体之上的，将太极拳的技击原理贯彻于其中。《陈微明武学辑注》中记载："太极散手之变化，均由推手听劲而来。若不黏住敌人，不知听劲，则用散手，亦犹外家拳之格打，未必着着适当也。"由此可见，太极散手实战中制胜对手的核心技击原理是"听劲"。"听劲"基础之上，讲究权衡对手招法的轻重缓急，己方顺势而化，从而控制对手的招法，做到人不知我，我独知人；趁机而入，视人如蒿草，打人如行路。另外，太极散手实战中，处处体现太极思维。太极散手实战注重"借力"，讲究"巧劲"的运用，讲究"占中""破中"，更追求抄近路制胜对手。太极散手将"审敌"与"制敌"巧妙地结合起来，在"不丢不顶"的过程中引进落空，使对手无所适从，将攻守合一、曲中求直、刚柔相济的战术思想发挥得淋漓尽致。太极散手功夫的修炼也由"招熟而渐悟懂劲，由懂劲而阶及神明"。

（1）控中带打

太极散手与散打在实战理念中存在巨大差异。太极散手讲究"沾黏"，追求控制。一旦交手，对手即被黏住，而不得脱。通过劲力的虚实、刚柔之变化，巧妙破坏对手的平衡，使对手无法合理用力，从而达到控制对手的目的。控制是建立在探知对手的准确攻防信息基础之上

第二章　厘清概念：散手、太极散手、国外格斗术之辩

的，主体通过"沾连黏随"等招法做好"听劲"，准确判断对手力量的强弱、速度快慢、运动幅度的长短及其运动的方向和目标。在全面掌握对手信息、"黏控"对手的基础上，己方准确化解彼方的机、势、招法，控制彼方走向的可能性。主体招法选择可以游刃有余，既可以引化，还可以击打，从而实现"控中带打"。这种高超的搏击理念，体现了太极散手的圆化思维，也体现出太极散手技法的精妙之处。

"黏控"的内涵主要有以下几个方面：第一，空间位置的锁定。将对手身体控制在特定的空间范围内，譬如一个平面或者一条直线。第二，运动模式的锁定。对手招法控制在平转或者旋转，对手的运动模式无法改变或者运动轨迹无法改变。第三，重心的锁定。使对手无法通过招法、身法改变重心，身不能转，不能动。第四，力道的锁定。控制对手力的结构，无法重新发力，无法改变力的方向。

以上四点可以同时使用。顺着对手招法运使的路线和劲力变化的方向，可以有效地控制对手，例如，在太极散手实战中，己方和彼方的左手腕交叉搭于双方的面前，己方的右手从自己的左腕下和彼的左臂内侧穿入，"採"握彼方之左腕，顺势拧腰旋转身体，向彼方的右侧外领，同时左脚向前，重心前移，己方左手向彼方的胸前推按攻击。"採"法具有速度快、距离短、落点准的技术特点。"採"时以达到牵引对手失去重心为目的，同时可以发放对手。"採"法的运用充分地体现了"控打结合"的思想。与太极散手相比较而言，散打则是攻守剥离，对于控制理念的运用也截然不同。

（2）占中线与破中线

在攻防实战过程中，己方为了获得比彼方更短的攻防距离，达后发

先至的目的，己方走车轴而彼方走车轮的法则。"己方走车轴"的意思是己方技击动作始终在圆心范围内运转，其动作运转的快慢为圆心的角速度；彼方技击动作是沿着己方的圆心运转，彼方走的路线为线速度，角速度不变，圆的直径越大，线速度越大。因此，后发先至的技击原理即源于此。太极散手实战理念与散打实战相较而言，太极散手实战具体操作更突出"占中线"和"破中线"。

所谓"占中线"，一方面来讲即"足踏中门"，己方进攻时不偏不倚，对准彼方的中线踏入。"走中门"有"走里"和"走外"两种实战用法，"走里"是由其腿足里面直入；"走外"则是由其腿足之侧面直入。进步时，自身上下垂直的中心线对准对手身体的垂直中心线，所谓不偏不倚。另一方面则是"守中"，即控制自己的重心，保持身体平衡。第三方面则是"破中线"。占中者，即圈里者主动，圈外者被动。拳谚记载："好汉打，不出圈""处中以制外""枢得环中，应变无穷"这些例子可以说明，对手始终处于圈外，而己方始终处于攻防之中枢"破中线"然后"占中线"。

"中"还有"枢"的引申含义。这里"枢"可以形象地引申为"门轴"，立于中轴。人体中线为中轴，腰则为中轴所依赖之基础，"占中"目的在于四面兼顾。实战过程中讲究中轴不失，周身劲力不散，进退皆是周身整体进退。在此境地中，"守中"也可以引申为控制重心。"立如平准，活似车轮"以保持重心为本，强调攻防实战中做到"无过不及，随曲就伸"。例如，野马分鬃动作在太极散手中的运用，四正手搭手，以己方为准，向左推转。己方乘向左推转彼方左手臂之机，左手採彼方之手腕，同时腰向左拧转，将彼方左手臂向自己左侧横领；同时，右手随腰的拧转与左手形成阴阳抱球状，置于己方身体的腹前及彼方的左臂下，且右脚向前方上步，重心落于左腿；然后己方左脚蹬地，腰向右拧转，右脚向彼方左腿后上步，管住彼方之左腿；同时，己方的右臂从彼方左臂下紧贴彼之胸前，己方腰向右拧转而向右掤撑，将彼方摔跌。由以上例子可以看出，"占中线"与"破中线"充分体现了太极散手特殊的实战理念。

（二）太极散手与国外格斗术之辩

技击运动是世界各民族共同的体育项目，它们以不同的形式和特点流行于世界各国。技击术是富有战斗艺术的对抗运动，技击运动体现了世界各民族的武技精华。目前，世界上流行最广泛、最有影响力的技击运动首推有"勇敢者运动"之称的拳击，流行较为广泛的还有日本的柔道、空手道，还包括具有世界影响力的韩国跆拳道。不同形式的技击术注重实战，其攻防格斗技术十分实用。拳击和空手道讲究简单实用的技法；跆拳道讲究高腿技法；柔道则讲究以柔克刚、借力发挥的技巧；泰拳的抗击打能力和凶悍顽强的作风，都具有极高的借鉴价值和意义。"他山之石，可以攻玉"，通过深入研究以上不同种类的技击术，将太极散手技击术与其他技击术进行辨析，借鉴吸收有益的东西，求同存异对于推动中国太极散手技击术的发展具有极其重要的作用。笔者主要从技击理念、技法形式、击打部位等几个方面详细阐释太极散手与国外格斗术的不同（如表1所示）。

表1 太极散手与其他格斗术比较分析

项目	优点	不足	特点
1. 泰拳	1. 肘法、膝法打击效果好 2. 真实格斗	1. 拳法质量不高：左刺拳很少，无上击拳，勾拳运用不充分 2. 拳套限制了掌法的运用 3. 拿法和摔法技术没有用	着眼于实战技术的运用，特别是擅长腿击、肘击和膝击
2. 跆拳道	1. 灵活的腿法 2. 攻其不备	1. 缺少肢体接触 2. 缺少节奏变化 3. 招法单调，缺乏多样化	非常注重腿法，腰腿功夫十分出色，运用前踢、旋踢等腿法，出其不意地攻击对手
3. 摔跤	1. 抱腿摔 2. 稳固而有效的冲击 3. 周旋时的壳式防护	远距离进攻效果不佳	对抗性很强，身体直接接触中进行竞争，目的是将对方摔倒。要求借劲使劲
4. 太极散手	1. 技法丰富 2. 理念先进 3. 实战效果好 4. 文化特色	1. 实战原理复杂 2. 功夫修炼时间长 3. 缺乏实战检验	招法讲究粘走，控制己方重心，破坏对手平衡，倡导用反论，讲究控制对手
5. 拳击	1. 实效的步法 2. 丰富的拳法 3. 实战效果好	远距离进攻效果不好	艺术化的搏斗，拳法迅速、攻势凌厉，动作潇洒自如，姿态优美

1. 太极散手与国外格斗术赖以指导的哲学原理不同

国外格斗术中拳击、MMA实战中讲究直接顶抗，太极散手则主要采取"避实击虚""曲中求直"的迂回策略，不直接与对手顶抗。在黏、走相生过程中，随曲就伸，黏逼对手，拿住对手之势，达到控制对手的目的。太极散手的实战技法，将普通格斗过程中的格挡、躲闪，转化为顺势转化，从而达到控制对手的目的，使对手直接丧失抵抗能力。《太极拳论》中记载："人刚我柔谓之走，我顺人背谓之黏。"究其本源则是实战哲学理念不同所致。西方格斗尚力，追求以快制慢，以大力胜小力，这与西方哲学强调矛盾对立冲突理念是一致的。太极散手技击术则推崇智慧，讲究以弱胜强，以慢制快。太极散手在实战中巧妙地运用矛盾统一转化规律，欲取先予，舍己从人，后发先至，在技术操作上将"走化"和"黏发"技巧在攻防过程中体现出来。太极散手的格斗理念更多地体现了道家中的"反为道用""柔弱胜刚强"的理念，"孔德之容，惟道是从"，太极散手之"道"本质是中国人生命智慧的体现。除了追求技术层面，还包含对"道"之境界的诉求，"道以技显，道技圆融"，道分"阴阳"，阴阳矛盾理念贯穿于太极散手实战的始终。"动静相兼，刚柔相济""柔中寓刚，绵里藏针"是太极散手实战的精髓，更是对阴阳观念运用的有效阐释。

2. 太极散手与国外格斗术实战理念不同

（1）击打部位和技法不同

国外格斗技术实战过程中以对手的头部、躯干部作为击打主要部位，原因在于在竞赛规则的制约下，头部和躯干部是主要得分点。太极散手实战理念是掌控实战的局面，控制对手，因此太极散手实战中击打的主要部位是对方的上肢。拳击、泰拳运动形态是以直线格斗为主；太极散手运动形态更多地表现为弧线、曲线以及圆的运动。弧线或者圆意味着缠绕、擒拿等技法在实战的运用,这是太极散手与西方拳击等格斗术在运动形式上最大的不同。透过技法运动形式的不同表象,从深层次方面诠释了东西方格斗术理念的不同。

(2)重心保持与破坏对手平衡状态并举

身体重心的保持,对于完成攻防技术动作具有决定性的作用。从一定意义上来讲,无论从运动状态转为静止状态,还是从进攻状态转为防守状态,重心的保持决定了平衡姿势的好坏。太极散手实战理念的核心是通过招法的圆转引化,引进落空,在不丢不顶中随时调整自身的重心,同时破坏对手的平衡,制人而不受制于人。国外格斗项目,无论进攻或者防守讲究身体动作快速启动,要达到这一目的,需要运动员主动有意识地调整自身重心,降低自身稳度。调整己方身体的重心,目的在于掌控攻防格斗的局面,因此,占中线、守中线是太极散手实战的归宿与出发点。"中定"不仅包含保持身体重心稳定,还指沉着、冷静高度警觉状态和专注度。所以,太极散手实战讲究"占中求圆",理论依据则是源于"守中取势。"太极散手实战中强调"得其环中",动作上的随曲就伸,无过不及都是为了调整重心。重心上,用己方之平衡破坏对手的平衡;技法上,讲究以不变应万变。追求身体招法动作的整体观,身体动作围绕身体重心而立于不败之地,追求动态变化的平衡,先置己方于不败,才能求得取胜对手。

(3)审敌把握敌情采用的理念与方法存在根本差异性

攻防实战中,正确的招法运用源于正确的判断,正确的判断源于

第二章　厘清概念：散手、太极散手、国外格斗术之辩

"审敌"。《孙子兵法》云："知己知彼，百战不殆。"跆拳道、拳击、泰拳等格斗术大多是利用视觉、听觉去把握对手的神情、动作意图和变化等，以此判断可能会出现的攻防动作变化，再做出相应的应对策略。视、听在攻防过程中，存在自身的缺陷和盲点，攻防信息在传递过程中会由对手攻防动作之变化而迅速变换，由此导致误判。太极散手则独创了"在粘连黏随、不丢不顶中讨消息"的"触听"方法，将视觉、听觉结合身体触觉，在双方身体密切接触过程中，准确把握对手攻防转换招式动作信息，探析对手劲力虚实转换的隐藏信息。本体感觉所探析的敌情，可以克服单纯由于视、听觉信息不可靠性而导致的信息判断误差。"听劲"将操作主体与周围环境紧密联系在一起，从而准确把握信息，利用信息调控以静制动、引进落空、出奇制胜。所谓"避实击虚""人不知我，我独知人"，从而将攻防实战的主动权掌控在自己手中。

小　结

相较国外格斗术，太极散手实战理念和实战招法均存在巨大差异。太极散手实战讲究控制，是不以直接正面抗衡为中心的技击方式，突出"阴阳相济"的基本结构，提倡"柔弱胜刚强"的实战理念。太极散手实战的方法论基础，就是道家文化的"用反论"。具体攻防实战过程中，通过本体感觉判断有效的攻防信息，强调"非服从的顺化"，倡导"不顶抗"的逆反，采用缠绕、擒拿、钩挂等技法，避其锋芒，曲中求直，控制己方重心，得机得势，后发先至。

第三章 理通入道：太极散手实战原理探究

太极散手作为一种高端搏击术，历史悠久，富有文化底蕴，深受中国传统文化的熏陶。理论以道、儒及《易经》的哲学论理为支柱，与军事学、兵法学相联，与人文学相涵通，具有深刻的文化内涵，更是中国古代哲学思想孕育的伟大成果。物我圆融、精灵机巧的太极散手技术使中国的搏击技艺上升到圆满的境界。太极散手从太极拳技击用法中演化而来，所以太极拳中蕴含深刻的文化哲理在太极散手中多有体现。程朱说："理为主宰，说理是主宰者，即是说理为事物所必依照而不可逃。"[1]朱子认为理为实际事物之所以然。《诗》说："天生烝民，有物有则。"程伊川说："有物必有则，一物须有一理。"从以上观点可以总结得到，"理"即为事物之所成为某类事物者。事物依照某理，即有某性；某类事物之理性，即为某一类事物之理。程朱说的"性即理也"即是"理"。

---

[1] 冯友兰. 贞元六书[M]. 长春：长春出版社，2017：60-61.

第三章 理通入道：太极散手实战原理探究

冯友兰先生认为："事物不会专照一理，每一个事物都有许多理，有许多性，属于许多类。从事物所属于之任何一类观点处处，具有正性、辅性和无干性。"太极散手之"理"即本性，[①]则是其区别于其他搏斗技法之本性。从内在则表现为"道"即技击思维，从外在层面讲则是"术"。"术"是为了战胜对手而采用的招法；"道"则是涵养心性，"明心见性"，求道而证道。吴志青先生说："太极之术，以自然为法，感悟为功，功成则所向无敌，然而精微深奥，非深思潜索，不能窥其要也。"

"理通艺精"，太极散手之思维源于中国传统文化之思维。依托中华文化而衍生的太极散手，路径独特，理法精深。通过太极散手的修炼实践，体悟出来的拳理即哲理，则更容易理解中国传统文化哲学思想的精髓。从一定意义上讲，太极散手之"理"，也是中国哲学思想和技术艺术史的积淀。太极散手不仅仅是技艺功夫，更是体证大道的有效途径和重要载体。不仅有高度成熟的技巧，还弥散着醇厚迷人的神韵，更在于植根于千年文化沃土之中，表现中华民族文化的精神要义。象形取意，形散而神不散。太极散手实战中体现出来的智慧，也是实战制胜对手的机密，西方"指号学"理论和中国"形而上学"理论为太极散手实战原理的建构提供了理论支撑。

---

① 冯友兰. 贞元六书［M］. 长春：长春出版社，2017：63-64.

第一节 "指号学"理论和"形而上学"理论对太极散手技理建构的启示

一、皮尔士的"指号学"理论对太极散手技理的三维分析的启示

现代语言学家之父、结构主义的鼻祖索绪尔把"指号"分为"能指"和"所指"[①]。美国哲学家皮尔士将包括语言在内的"指号"分为"征象""对象"和"释象"。"指号"三维共生互补,征象为第一维度;对象为第二维度;释象为第三维度[②]。用皮尔士的指号三维理论分析文化现象,可以更好地凸显三维互动共生、互为环境、互为结构的辩证关系。

(一)征象第一维度

皮尔士的"指号学"理论以征象为第一维度,它是物感和质感。"它具有一种使它具有意义的品格。"征象具有自指作用,物感的"质"必须借助某些共同的成分或相似性来指称一个对象,因此其指号"必然是一个图像"[③]。古代罗马教父奥古斯丁认为:"物"与"符"

[①] 弗尔迪南·德·索绪尔. 普通语言学教程 [M]. 北京:商务印书馆,1999:17-19.
[②] 涂纪亮. 皮尔斯文选 [M]. 北京:社会科学文献出版社,2006:170-178.
[③] 涂纪亮. 皮尔斯文选 [M]. 北京:社会科学文献出版社,2006:294-299.

二者之间区分在于"物"必须由"符"而习得,给感官带来喜悦,"物"并不指向他物;"符"却指向他物。也就是说,包括语言符号在内的各种符号具有"物性"和"指他性",相当于皮尔士提出的"征象",即"质感",具有一定的物质基础。物指向自己,是"本真",这是象似的特例。例如在太极散手实战过程中,通过粘连黏随,在控制己方重心的基础之上,通过触觉感知对手的劲力运使,判断对手招法,探析对手的行动目的,体现"听劲"。这里说的"听劲"是征象的第一维度。

(二)对象第二维度

"物感"通过"文化解释",与对象联系在一起,就变成了"现实",即"事实"。按照皮尔士的符号学理论,征象、对象、释象三者是紧密联系在一起的整体。皮尔士把对象第二维度称为"标指",在文化现象中,"标指"属于征象和对象之间的关联,具有因果关系。弗雷泽先生认为:"事物一旦互相接触过,他们之间将一直保留着某种联系"[1]。例如太极散手实战过程,在"听劲"的基础之上,逐渐达到"懂劲",掌握对手的有效信息,在得机得势的情况下,通过"捋、挤、採、靠、按"等动作发放对手。"懂劲"则要求明白攻防规律,掌握劲力发放的技巧,目的是在探析彼方的招法动作和攻击意图基础上,始终使己方处于主动地位,制人而不受制于人。

---

[1] 弗雷泽. 金枝 [M]. 北京:大众文艺出版社,1998:56-89.

（三）释象第三维度

释象是文化现象的第三维度，主要表现为语言和思维活动，通过观念和认知协调沟通征象第一维度与对象第二维度间的关系，三者结合成为事实。"指号"作为一种质、一种普遍法则，经过"存在于指号自身具有某种特性""存在于与那个对象的某种关系之中"，到作为"可能性指号""事实的指号""理由的指号"，是从既定事实到抽象思辨，再由抽象思辨到既定事实的反复互动过程，也是生命活动与哲学理念的对话。人类文化现象和语言纠结在一起，在文化现象中语言、征象、"标指"三者紧密联系在一起，三维一体为常态。太极散手实战的最高境界是"艺高万宗归一理"，即道法自然，"道"是一种境界，代表着太极散手实战智慧的完美体现。

综上所述，依据西方皮尔士"指号学"理论分析太极散手这种文化现象，不难看出，太极散手实战原理主要包括三方面内容：征象第一维——听劲，探知对手信息；对象第二维——懂劲，要求得机得势，发放对手；释象第三维——技艺的升华与提高。技近乎道，内外兼修，形神兼备，缺一不可。

二、中国传统的"形而上学"理论对太极散手技理建构的启示

《易经·系辞》说："形而上者谓之道，形而下者谓之器。"所谓形上形下，相当于西方哲学中所谓的抽象与具体。"道"是形而上

第三章　理通入道：太极散手实战原理探究

者，是抽象，抽象是思之对象；"器"是形而下者，是具体，"器"是感知对象[①]。朱子说："形而上者，无形无影是此理；形而下者，有情有状是此器。"此为中国传统哲学中关于"道"与"器"的完美注疏。将这种形而上学的理论应用于太极散手实战原理的阐释，透过太极散手这种文化现象，可以将具体的技击原理抽象为"器""技"和"道"三个层面。器层，在太极散手运动当中，在熟练固定的技术方法之后，即可以用经济、简单、变化的程序模式的操作方法，因势而变，在攻防格斗中得机得势，探析对手的意图，寻找攻防的最佳时机，知对手平衡，抽象概括总结为"听劲"。在"听劲"的基础上，需要做好"懂劲"，强调"粘连黏随屈伸灵，来叫顺送不丢顶，急应缓随任人乘，只是等闲舍己从"。"听劲"是太极散手实战过程中制胜对手的核心要素，在"听劲"的基础上而懂劲，然后做好"化劲"和整体劲力的发放。"懂劲"是技的哲学抽象层次，将招法、技战术组成一种攻防的技法系统，在这个技法系统内，能够体现出攻防的"应急性、无规则性和致命性特征"[②]，目标是为了"制人取胜"，在外表现为攻守进退，其内表现为刚柔虚实，中间环节则是依靠机、势的把握和运用。第三个层面是"道"，"道"是"道法自然"，即圆通。

太极散手作为一种相对独立的文化现象和技艺活动，有自身特定的技艺内容和价值追求，这些东西按照一定的逻辑层面展开，升华到一个较高的哲学层次，由此体现太极散手技理的核心内涵。

[①] 冯友兰. 贞元六书[M]. 长春：长春出版社，2017：25-26.
[②] 乔凤杰. 文化符号[M]. 北京：社会科学文献出版社，2014：72-75.

第二节 审视之法:"听劲"解构

实战过程中,为了掌握主动,需要掌握审视之法,准确探析对手来势,把握对手的攻防意图。太极散手实战具有自身独特的审视之法,通过触觉结合听觉和视觉来判断对手劲力的变化情况,对对手的招法,进行详细审查,具体的表现形式为"听劲"。

一、"听劲"概念释义

所谓"听劲"就是指在太极散手实战过程中,双方凭借肌肤触觉来感知对方来劲的各种变化。"听劲"需要感觉和反应的结合,在太极散手中,感觉的运用是深层次的,从广义上讲,除触觉之外还有视觉、听觉。在实战过程中,彼方准备用招法攻击己方时,必然会有先兆。例如面部神态、身体调整、"劲路"调整。进攻者的面部神态属于视觉前兆;"劲路"调整属于触觉前兆;而身体调整则属于视觉前兆和触觉前兆的结合。视觉前兆比触觉前兆暴露得更早。因此,问题的关键是视觉前兆的判断能力。

太极散手中的"听劲"是一种技能反应,更是一种对策,这种反应非常迅速,时机出现的时候会转瞬即逝"[①]。《拳论》言:"拳者,权也。"在中国古代汉语中,"权"字有"秤锤"之意。《汉书》记

---

① 于志钧. 太极推手修炼[M]. 北京:北京体育大学出版社,1996:219–223.

载："权者，两、斤、钧、石也，所以称物平施、知轻重也。""权"字可做"称量"。《孟子》言："权，然后知轻重。"所以练拳，即为练权。权，在太极散手攻防技击中，也可以当作权衡、控制来讲。在知己的基础上，有知彼的功夫，己彼一接手，己方即可审敌感知劲力。"动之则分"，己方与彼方接触之处即为秤盘，己方与对手之间的有效进攻防守距离即为秤杆，己身即为随时可以调整的秤砣。攻防过程中，秤盘、秤砣、秤杆各司其职。"无过不及随屈伸""急则急应，缓则缓随"，在攻防动态变化中，调整平衡。李亦畬在《五字诀》中言："称彼劲之大小，分厘不错；权彼来之长短，毫发无厘。"这是秤之原理即"拳之理"，故"拳者，权也"。所以"打手是知人功夫，动静变化故是知人，仍是问己，自己安排的好，人一挨我，我不动彼毫，趁势而入，彼自跌出"。由此可见"听劲"的目的在于根据对手劲力的千变万化，随机应变，审时度势，避实击虚，克敌制胜。"听劲"的要领在于听准对方劲力要素的变化情况：一是着力点；二是劲力的变化；三是劲力的方向和路线；四是听平衡。

（一）生理学视角对于"听劲"机理的阐释

攻防实战过程中，肌肤的触压觉是做好"听劲"的合理手段和方法。站在生理学的视角，从触压觉角度出发，用运动生理学理论解释"听劲"，显得较为合理和科学。触觉是当皮肤受轻微的不引起变形的刺激时所产生的感觉，感受器是皮肤中的触觉小体或神经末梢，压觉是受到较强的机械刺激时所产生的感觉。在攻防实战过程中，己方和彼方动作运使过程中产生力量，激烈的碰撞、击打在一起，从而产生一定的冲击力。己方和彼方的皮肤感知冲击力的同时，会产生相应的反应。随着刺激增强，"网状致活系统"的活动提高，中枢变化觉醒状态，刺激传达大脑皮质，成为知觉与认知，大脑皮质联合区，将情报传至运动区。在这个过程中，运动计划和运动程序作业就此产生，然后由运动区向脑干与脊髓发出运动指令，传至肌肉，形成动作。动作产生的过程之前，必须有欲求或意图，接着制订具体的计划书，然后付之实行（如图4[①]、图5[②]所示）。欲求或者意图是由外部的刺激产生，由意图到运动计划的阶段，环境、外在状况的知觉以及判断需要协调配合。对于这个过程，运动生理学暂时缺乏理论验证。

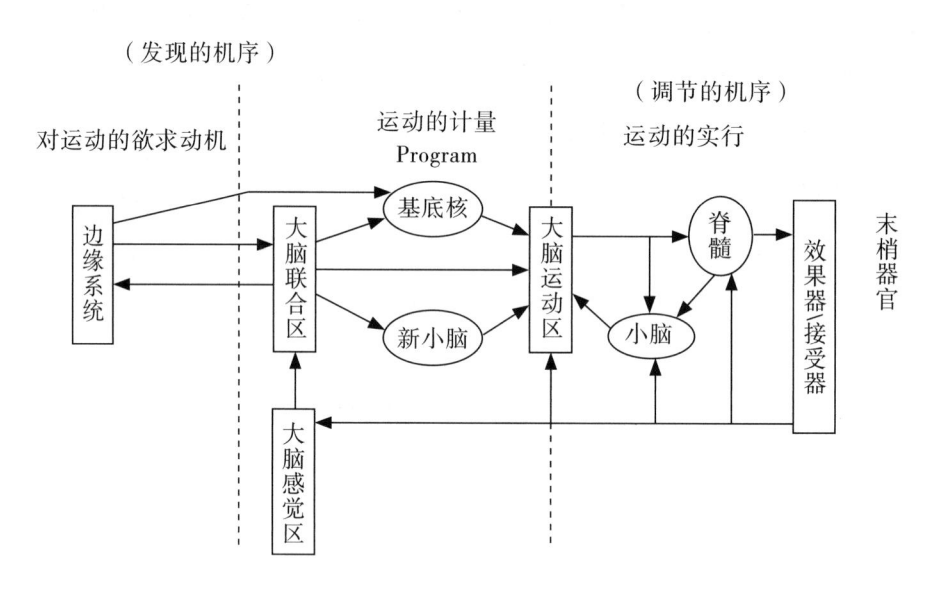

注：随意运动的中枢，箭头是情报的方向。

图4 随意运动的中枢

[①] 中村隆一，斋藤宏. 基础运动学［M］. 台南市：复文书局，1985：135-136.
[②] 中村隆一，斋藤宏. 基础运动学［M］. 台南市：复文书局，1985：139-140.

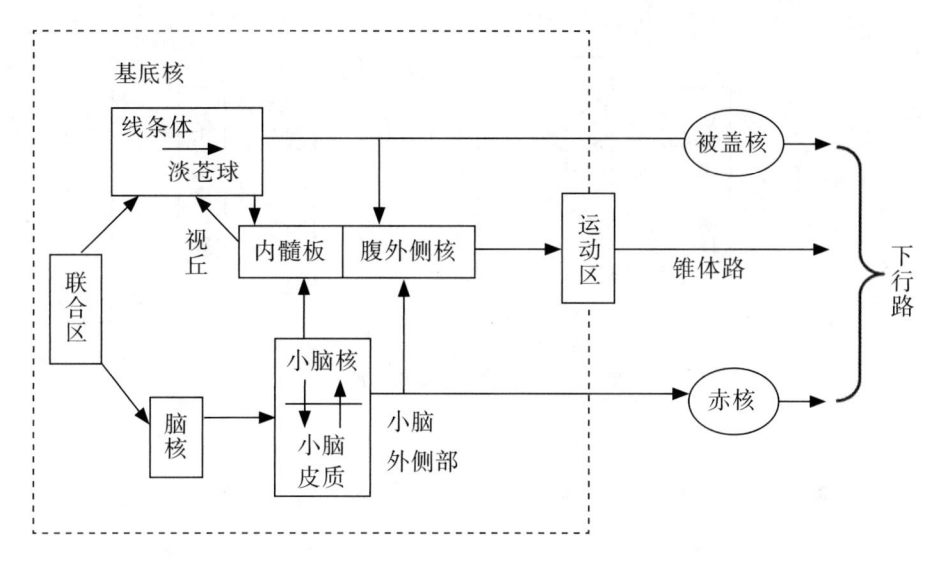

第三章 理通入道：太极散手实战原理探究

注：运动Program中枢的构成。

图5 运动中枢的神经控制

（二）运动学视角对于"听劲"机理的阐释

从运动学视角来看，"听劲"是一种运动行为，反射、构成韵律运动的神经回路、自动控制机构是构成运动行为的基本构成要素。运动行为成立的条件主要有：①肌肉或肌肉群收缩；②向肌肉或肌肉群有秩序地传送神经信息，此信息有的认为是对刺激的反应。反射只是对刺激的反应所产生的神经信息，像韵律运动乃是中枢的调节作用所形成。动作，是根据中枢计划的运动指令开始行动。关于运动最底层的必要要素，则是运动单位，其集合物有小到一条肌肉的。肌肉紧张力的发生，是由于运动单位的活动而产生（如图6所示）。

79

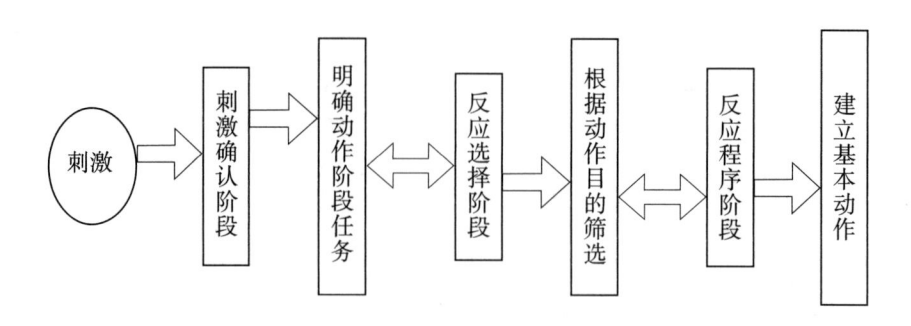

图6 动作信息处理流程图[1]

中村隆一提出格子基层构造学说："假如上位决定行为，则若干运动形式达到增强效果，运动形式在下位层次乃是针对刺激的形式，从事肌肉活动。"肌肉与关节协调活动，就会产生动作，因此动作是判断行为的有效方法和手段。"听劲"的核心主旨也是需要落实在具体动作之上（如图7所示）。

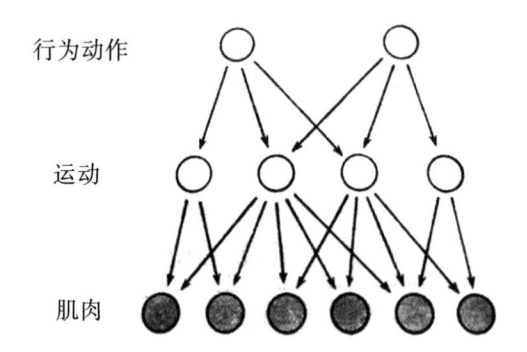

如图所示：格子阶层构造的模式。

图7 格子阶层构造的模式[2]

---

[1] 中村隆一，斋藤宏. 基础运动学[M]. 台南市：复文书局，1985：132-133.
[2] 中村隆一，斋藤宏. 基础运动学[M]. 台南市：复文书局，1985：142-143.

二、"听劲"在太极散手实战中的作用

（一）审敌：知敌情

对于"听劲"的把握，目的在于了解和把握敌情。因此，想要制胜对手，得机得势，其关键和前提条件就是审敌问题。《太极拳论》言："人不知我，我独知人；英雄所向无敌，盖皆由此。"审敌，准确判断对手机势之变化，辩证地分析己方与彼方的有效攻防距离，寻找最佳时机。《阴阳诀》言："太极阴阳少人修，吞吐开合问刚柔，正隅收放任君走，动静变化何须愁。"由此可知，太极拳修，审敌须知于知"变"，正如拳谚言："变乃拳之魂也。"变，包括攻防过程中机会的变化、有效距离的变化以及对手劲力的变化。

（二）知对手变化

事物的形态或者本质产生了新的状态或性质，即发生了变化。攻防过程中，变化有何规律，杨式太极拳宗师杨班侯云："动静变化何须愁。"这里的"变化"即吞吐、动静、开合、刚柔、进退等。在实战过程中，则引申为对手劲力的大小、强弱、虚实以及路线和方向化，这些变化是判断己方攻守、进退、虚实刚柔的基本依据。其实，虚实、刚柔、开合皆为阴阳之变化。《太极拳论》曰："一阴一阳，谓之道。"因此，阴阳之道，即为变化之道。以下几种情况可以作为攻防变化的典型例子予以阐述。

1. 起手之时[①]

所谓起手之时，就是对手准备用招法攻击己方的时候，由于彼方的注意力全在于己方，此时对手的防守是弱点，在防守的架势上会产生漏洞。如抬肘，就会漏出脸部破绽，这是由静转动的变化时机，此时是己方由防转攻的最佳时机。

2. 变换战术之时

彼方的攻击动作如果有两个以上的连续攻击动作，即所谓的连招，那么，第一个动作完毕，转换第二个动作的瞬间，往往有一个停顿点。此时旧力已过，新力未发之时，这时己方如果用连招攻击，能一举成功。

3. 停顿之时

太极散手实战攻防非常激烈紧张，攻击防守，往来反复，对于身体体能的消耗很大。有时，一方会在一阵攻防之后松弛下来，想要缓冲一下，调整呼吸和体力，此时应该抓住这个时机，予以攻击必然奏效。

4. 欲退之时[②]

当己方在实战中处于攻势，彼方本来能抵挡住己方的进攻，但是彼方由于体力和能力的问题想要退下来，在彼方想要退而未退之际，己方应该急起发动进攻，一般能够立即成功。原因在于，想退之时，身体姿

[①] 袁镇澜，郑旭旭，何瑞虹. 日本剑道 [M]. 北京：人民体育出版社，1993：198-199.

[②] 梁敏滔. 东方的格斗文化 [M]. 天津：天津古籍出版社，2002：195-196.

势的控制最不稳定，防守不得力，步法也不灵活。

5. 僵持之时

己方和彼方肢体动作相互接触，僵持之时，也是有隙可乘的机会。面部受到攻击时腹部空虚，手部避开时腹部空虚，腹部受击时面部空虚。针对这些机会，己方应该用连续招法，用贴或靠击打对手。

6. 对方身体的伸缩转换[①]

对手身体的伸缩转换主要表现为姿势变换、手脚肢体空间位置的变化。例如彼方的攻击动作落空，变换动作身体向后时，这时如能及时反击则能制胜对手。又例如对手变换前脚、变换手臂动作时，己方主动出击，在对手从一点移至另一点时中途截击，也能制胜对手。

7. 距离变化之时

距离是自己与对手的间距，有时也包括适时的时间关系。距离的变化主要包括近距离、远距离两种。近距离，就是己方和彼方间距一臂或一腿的距离。近距离，容易击打，所以大家都会不自觉进入这个范围。太极散手讲究直线抄近路，最短距离攻击对手。因此，当距离变近时，此时是用招法攻击对手的最佳时机。另外，当敌我双方距离增大时，双方都不容易击打到对方，此时判断双方合适的距离，也是运用腿法或拳法连击对手的最佳时机。因此，对于攻防距离的控制和把握，需要高超的技术水平。

---

① 梁敏滔. 东方的格斗文化［M］. 天津：天津古籍出版社，2002：194-195.

8. 心理缺失时[①]

当一个人的心理失去平衡，头脑对身体的控制和对外界的正常反馈能力会急剧下降，表现在肢体动作上，即反映为动作迟钝、反应闪失；反映到精神上，则产生疑问和困惑，丧失正常的判断能力和思维能力，无法做出敏捷的决断和果敢的行动。这时候，正是攻击的好时机。

9. 节奏变化之时

节奏也是实战中影响"听劲"的重要因素。节奏又称节拍，即物理学中的频率。严格意义上讲，太极散手实战中的节奏，指的是单位时间里，单一攻防动作完成的快慢变化。从心理学的观点看，是使对手感到吃惊的一刹那；从身体的角度观点看，是使对手感到无助的瞬间。在实战过程中，有效的攻击会形成跌宕起伏、快慢相济、轻重有序如音乐中的旋律一样的美感。在攻防转换过程中，连续的攻击与防守在时间方向上会构成连续的动作链，这些动作链在同一时间内，自出击至相互对峙，完成攻防动作回合的快慢，就形成了节奏，即所谓"知拍任君斗"。把握对方节奏的规律，就可以预判对手的动作，采用加速或用缓慢打乱其节奏，使对手的动作失去实际效果。攻防实战的最高艺术境界中，每一个动作都是一个拍子，需要谨慎勿被对手的虚假拍子所迷惑误导。例如，当对手全神贯注准备进攻、进步趋前，当他未能接触己方或者彼方动作变化时，这都是己方最适合的攻击时机。"实战中无论是进攻还是防守，时机的选择是最重要的因素。倘若时机不当，即使招法再

---

① 白长明，白鲁冰. 现代剑道［M］. 上海：上海教育出版社，2007：350-351.

第三章　理通入道：太极散手实战原理探究

完美，速度再快，也是枉然"[1]。

（三）辨攻防距离

距离是双方站位的间距，由站位距离和攻防距离组合而成，也构成了太极散手攻防技术空间的第一要素[2]。德国的克劳塞维茨在《战争论》中提出"任何战争，都是在战争技术所能达到的一定有限空间内进行的，它的一切战略战术也只能是在这一基础上建立的。"太极散手是利用各种招法制胜对手的格斗竞技，因此它的技术范围只能是在身体可以触及的区域内，随着身体的位移而产生。已故的击剑大师马尔切利曾说："是否必须事前知道节奏或距离的问题，不妨留给哲学家去想，而非由拳师来决定。同样的道理，攻防格斗实战时必须同时观察节奏和距离的实际情况，想要达到目标，必须以行动同时妥善运用二者"[3]。距离是一种连续的转移关系，取决于己方和彼方动作的速度、灵活性和控制力。在快速不断地转移阵地过程中，寻求最有利的距离，以增加攻击对手的机会。

站位距离指双方中心线之间的间距。攻防距离指经过一方身体中心线之中垂面，与对手身体所在平面相交的交线之间的距离。依上可知，己方和彼方之间的攻防距离，是指实际的攻击距离或防守距离。《现代剑道》中说："也意味着有效的攻防并不是以双方的站位距离来加以确定的，随着身体而转动的中垂面构成的攻防方向，这是决定

---

[1] 李小龙. 截拳道之道 [M]. 北京：北京联合出版公司，2014：123-128.
[2] 白长明，白鲁冰. 现代剑道 [M]. 上海：上海教育出版社，2007：203-204.
[3] 李小龙. 截拳道之道 [M]. 北京：北京联合出版公司，2014：144-145.

并度量攻防发生的实际距离的决定性条件"[①]。在实战过程中，想要做好"听劲"，需要在双方攻防过程中，培养攻防双方肢体接触有效的距离感。

距离感在太极散手实战中可决定成败，也是需要经过长期实践才能形成的基本技能。在千变万化的攻防格斗中，它不可能依据度量来给出确切的长度，而只能依靠心理感觉来加以测定，这是一种心理条件反射系统的构建过程。当达到具备本能的"守中"动作感觉时，才能被认为建立了良好的距离感。若攻防对抗双方均以手臂指向对方的中心线、攻防距离相等、以正面相对时的位势为条件，可以相对对手为圆心，从而将它们的攻防距离分为近距离、中距离、远距离。

1. 近距离

攻防对抗双方于"中节"相交，攻防双方在粘连黏随中，探析消息。双方的攻防技击方法无法在这个距离段内有效地发挥出来，而是需要静待时机，在攻防转换中调整距离。

2. 中距离

这是太极散手攻防的基本距离。这时攻防双方，都可以将招法充分施展出来。由此踏进或跨进一步，就能启动手臂或者腿法攻击对手；退后一小步就能闪躲对手的攻击。守中是"太极散手实战制胜的出发点和归宿点"[②]，太极散手的思维是"占中求圆"。《老子》言："虚而

[①] 白长明，白鲁冰. 现代剑道 [M]. 上海：上海教育出版社，2007：203-205.

[②] 阮纪正. 至武为文 [M]. 广州：广州出版社，2015：131-132.

不屈，动而愈出；多言数穷，不如守中。"由此可见，"守中"和"用中"是太极散手实战制胜的规律和基本要求。

3. 远距离

依据"一拳一腿"退后一步，形成的安全距离。在这一距离，双方已脱离攻击状态，己方和彼方脱离沾粘的状态，对于这一距离的把握有许多技巧和方法。原因在于，由此进一步即可以进入中距离位置的过程，更容易体现攻防技法的理念，相应的这也是技艺上最难把握的战术区间。

依上可知，距离感的把握，持有的观点是"守中"。通过"审机度势""因敌应势"唯变所适从，目的是守住自身中线的最佳体位，以此为基础去防身制胜对手。"守中"也体现了传统文化中的"中庸之道"，首先让自己立于不败之地，然后求得最终制胜对手。

（四）识时知机

《拳论》言："察来势之机会，揣敌人之短长；静以待动，动以待静，然后可言拳术也。"太极"听劲"之修为，体现攻防之妙，目的在于察机审势。"机"不仅关乎拳术之妙，而且决定着攻防实战的成败。拳谚曰："体天用道之机，得机者，万变而愈盛；失机者，万变而愈衰。""寻机"就是寻找对抗过程中，某个有利于自己的关键点，使用招法以获得制胜对手之效果。"势"可以理解为引起变化的内在力量和趋向，"势"从内外两层来讲，其内为态势、机势；其外为形势、走势。"势"从特征上而言，更强调突出主体选择的可能性。《道德经》

言："常有欲以观其徼。"由此可以看出，"机势"如电光火石，稍纵即逝。"机势"二者之间，相互统一，机可以理解为时间之势，势为空间之机。二者对立统一，称为"势"。《阴符经》记载："观天之道，执天之行。"意思是说人们认真地观察、认识自然运行的规律；"执天之行"是指我们在一丝不苟遵从把握自然运行的规律，并把此作为处理事情的准则。同理，在太极散手实战过程中，想要做到"观拳之道，执拳之行"，需要通过看、悟、修以观对抗中动静相生、虚实相变、刚柔相济之变化，认识拳术中运变之规律。观拳之道，关键在于"时机"二字，即要求做到识时而知机。

"时"指时间分寸；"机"指机会火候。《阴符经》记载："食其时，百骸理；动其机，万化安。"由上可得，合理地把握时机，事情才能做到合理安顺。而攻防转换，识时而知机，依然是拳术修炼的重要方面。通过有形的拳法，修炼自身之识得能力，能够准确把握时机之变化。"拳中之时"指攻防进退、刚柔、虚实之情况，"识时"则是指对以上具体情况的识别和掌握。《太极平准腰顶解》言："对待有往来，是早或是晚；合则发放出去，不必凌霄箭。"这里的"对待"二字，可以解释为"阴阳之理"。在理解"对待"二字真意的基础上，即可得知"往与来"，即阴阳转化的过程。《太极正功解》记载："圆之出入，方之进退，随圆就方之往来也。""拳中之时"就是清楚地认识方圆之往来，也特指对手攻防进退之规律。攻防过程中，虚实、刚柔、进退、松紧、方圆等皆属于阴阳变化之范畴。"拳中之机"指合适的时机，合适的招法运用是制胜的关键因素，需要把握时机，掌控反应分寸火候。因此，"听劲"的一个重要作用是寻找攻击和防守对手的最佳时机。

三、"听劲"在太极散手实战中的具体要求

（一）"听劲"方法

1. 望——视听法

首先是用视觉进行观察，称视听法。例如，在实战中彼方用前冲劲发放己方，在劲力发放之前必须先破坏己方的平衡才能有效果，因此彼方在"发劲"之前通常会采用按劲，或者用"捯劲"破坏己方的平衡；其次，注意观察面部表情，因此在攻防过程中，己方的目光要凝视对方的变化。

2. 切——触听法

"切"类似于医道中的切脉，通过切脉了解患者的脉象，从而诊断患者的病情。太极散手实战过程中，通过双方身体的接触，掌握对手的"劲路"之变化，因情况而变，采取对策。这是一种利用肢体感觉和触觉来把握消息的方法，不仅可以提供对手攻守进退招法动作的外部信息，而且可以探究对手劲力运转的暗藏消息，即所谓"感应"。"感"从字面意思上讲为"知也"，即客观事物通过感觉器官在人脑中的直接反映。太极修炼的所求之感，与普通的感知不同，太极散手与人应敌接手，手所接触到的"有"并非真有，眼所见"实"并非真实。其实，在攻防对抗中，以眼观、以手触之感，必然要先待对手身体发生变化、做出动作后，才能用眼睛观察到、手感知到，所感信息才能传递回大脑，经过大脑加工处理后，才能向身体做出反应的指令。但是时机转瞬即逝，肢体动作与大脑反应的契合，也是在极短暂的时间内完成的。"触听法"相比较视觉法而言，更能够准确地把握对手的信息，做出较为准

确的判断，从而制胜对手。

如何做好"听劲"？切—听在太极散手实战过程中主要采用"掤"，"掤"劲的目的是为了了解对手之力的性质和方向。"兵无常势，水无常形，能因敌变化而取胜者，谓之神。""掤"犹如一根正在承受压力的特殊弹簧，当压力增大时，它随之收缩，当压力减轻时，它随之伸张。这种缩而含张，缩而不瘪的运转，拳谚曰："掤须圆撑要始终。"实战对抗时，不仅是用手臂掤劲，而且全身各部位都要求有掤劲，处处感觉对手进攻发力的大小、方向和意图，以便使己方及时做出防守措施。"听劲"需要周身轻灵，因对手技法变化而变化，技击过程中做到不丢不顶。想要做到不丢不顶，需要懂"粘黏劲"，"粘"者，"粘贴之意"，"彼进我退，彼退我进"使对手感觉丢之不开，逃之不脱。用粘法的同时，还要像胶一样黏住对方，不即不离，即能灵活转动。用"黏"时，需要处处探寻对手的重心点，动摇对手的平衡，使彼方动作不得劲，进攻不能得逞，欲要逃又不能脱，想要做好"粘黏连随"则要求"舍己从人"。

（二）"听劲"在太极散手实战中遵循的原则

1. "粘连黏随"原则

"粘连黏随"[①]是指彼此双方在太极推手中互为对手，在各种动作

---

① 粘连黏随：李亦畬手抄《王宗岳太极拳论》（郝和珍藏）打手歌之"粘连黏随不丢顶"、《太极功源流支之派》八字歌之"粘连黏随俱无疑"，此四字皆作"粘连黏随"。孙禄堂在《太极拳学》第六章甲乙打手合一图学云："甲乙二人，将两形相合，正是两个阴阳鱼合一之太极图也。"动之则分，静之则合，阴阳相摩，八卦相荡，内里不同属性的变量，概括为粘连黏随四象，这是一种高度集约、高度抽象的定性定量分析法。粘连黏随的训练，旨在把握双方劲力的运与动，在对手将发而未发、预动而未动的端倪中，去观照和感触阴阳消长的机势。

的攻防变化中，双方运用粘劲和黏劲，使双方的肢体相互接触连为一体，做到"顺随彼方肢体动作的开合屈伸变化而变化"。单讲"粘"字，指两物因接触而附着上为粘；"连"是连接、相接，两物连为一体；"粘"指具有能使物体粘合的性质。太极散手中，只有双方肢体粘连粘合在一起，彼此通过肌体的触觉来判断对手的劲别，并根据对手的"劲别"和"体位"采取不同的方法将对手发出，达到制胜对手的目的。"粘"的目的是"听劲"，对手每一个瞬间的力道变化皆被已方所"探知"，即所谓"细微感受"。拳谚曰："于细微处见精神。"粘住对方即要求己方和彼方肢体相互接触，随时在细微变化中捕捉对手劲力变化的细微消息。"黏者，柔克刚之意。"[1]太极松、柔恰好体现此意。随，则是舍己从人，突出阴阳转化之意，己方以静制动，后发制人，以无招胜有招。古人云："不入虎穴，焉得虎子。""粘连黏随"强调侦查，微黏对手皮肤，了解对手的动态变化规律，不可全力以赴，以防将己方完全暴露给彼方。

2. "不丢不顶"原则

单讲"丢"是失去、离开、空出等，不丢就是不能失去，不能离开，不能空出；单讲"顶"意思就是相逆，换言之，即在太极散手实战中，就是彼此之间力的方向相反且力点相同。两力的方向不能相逆，而且两力点不能在同一点上，否则就犯了顶。"不丢不顶"是指在太极推手中彼此互为对手，双方在肢体粘连黏随的前提下，己彼双方，都顺对手的动作、劲力的变化而变化，彼此之间没有空招和丢劲，以及相逆的

---

[1] 艾光明，张昱东. 候氏太极拳[M]. 太原：山西科学技术出版社，2010：160-161.

招法和劲力。太极散手实战中为了做好"听劲",则始终要求"不丢不顶""粘连黏随"。如果做不到不丢不顶、粘连黏随,就会出现"丢劲"或者对抗。双方的肢体不是空出丢掉,就是硬顶死抗,这就不符合太极技击的原则,也体现不了太极"四两拨千斤"的技法,那就变成"盲汉练拳,成器很难"。

3."来叫顺送"原则

"来"是由另一面到这一面,进来,在太极推手中是指对方向自己进攻和发劲;"叫"是召唤的意思,或为让、使、令。在太极散手实战中是引进或让进;"顺"是趋向同一个方向,跟逆相对;"送"是送行。太极散手实战中,是把对方的动作或者劲力引进来,对方必有回撤的时候,待对方回撤时,己方则顺着彼方的动作和劲力回撤的方向将对方送出到一定的位置称为顺送。"来叫顺送"是指彼此双方在太极散手实战中互为对手,双方在粘连黏随、不丢不顶的前提下,彼此根据双方攻防动作的来势,己方引进或送出,在引进或送出的同时,寻找对方的破绽,在得机得势的情况下制胜对手。"来叫顺送""粘连黏随""不丢不顶"是相互联系的,没有粘连黏随,就谈不上不丢不顶,更不能说来叫顺送,三者之间相互联系,又相互区别,不可不详辩焉。

4."舍己从人"原则

"舍"是放弃,不要了,"舍己"是放弃自己;"从人"是顺从或跟随他人。在太极实战中必须遵循"舍己从人"的原则,才能做好"听劲",最终达到制胜对手的目的。"舍己从人"原则是指彼此双方在太极散手实战中互为对手，己方根据彼方在实战中的攻防变化，以己方之动作顺彼方之攻防动作的变化而变化，通过各种技法和劲力的运化，寻找彼之破绽，在得机得势时施以最有效招法，以达制胜彼之目的。"舍己从人"是以知对手的基本攻防变化为前提，所谓"彼不动，己不动；彼一动，己先动。"通过"粘连黏随"的变化，使对手先动、先用力，己方通过"听劲"，准确判断对手劲力的强弱、快慢做出的反应动作才能针锋相对，有的放矢，从容不迫。"舍己从人"的思想中体现了"圆道顺应"的意味，将"化而后进"和"控打"结合的技击理念紧密结合在一起。想要做到"舍己从人"，不仅需要在实战中"不偏不倚，无过不及，随曲就伸，动急则急应，动缓则缓随"，还需要做到"人不知我，我独知人"，这充分体现出"顺物"到"控物"的逻辑脉络，也体现了太极散手实战对于全然主动性的追求。

（三）"听劲"包含的具体内容阐释

1. 探求对手重心，感知对手平衡

身体的重心被描述为身体的平衡点，或是身体经此点无法产生转动。因为如此，重心通常被定义为身体或物体的重量集中点，更确切地说，这是身体重量的作用点。身体重心必须符合两项条件：首先，所有作用于身体的线性力量必须维持平衡；其次，所有转动力量必须维持平衡。正常情况下，女性重心位于水平面上的站姿高度下55%的位置；男性则大约位于站姿高度下57%的位置。安静站姿下，身体重心几乎直接位于压力中心上方，压力中心是地面反作用点之力量向上作用的一点。依据以上科学原理，在实战过程中，通过招法动作，在"粘连黏随，不

丢不顶"中，做好"听劲"，不仅能有效地探析对手的重心，感知对手的平衡，还要求控制己方的重心，即己方的重心移动要有弹性，能够主动移动重心来掌控自身稳定度。当对手进攻时，己方重心主动后移，将重心控制在两脚之间，使对手落空；当对手后撤时，己方主动前行，己方重心成为攻击的源泉。在控制己方身体重心基础之上，注重感知对手重心的转移，"听"出对手重心转移的变化。

2. 感知对手肌肉关节运动的路线和方向

关节与肌肉有两种常见的作用模式，分别为同向与反向动作。同向动作的一个例子是肘关节与腕关节同时伸直，以及这些肌肉同时屈曲时，当肌肉收缩，它们相互的动作并不会失去长度，因而能维持张力。因此，拉力由一条肌肉传递向上然后向下传递至另一条肌肉。以肘关节与腕关节与肌肉为例，肌肉收缩反向运动时，关节肌肉中的肱二头肌在两个关节上快速缩短，其对抗肌——肱三头肌配合拉长，从而在两端都可以获得张力。依据以上原理，在太极散手实战中，通过"听劲"可以有效地预判对手肌肉与关节运动的路线和方向，从而准确地探析对手招法的方向和路线，为寻找对抗的最有效招法和最佳时机提供科学依据。

"听劲"的本质是对敌方攻击目的进行判断。拳谚记载："眼观六路，耳听八方。"基础阶段，是利用视觉、听觉去探析对手的动作意图和技巧。高级阶段，要求与人接手应敌时，就必须做到内接外应。于外而言，一举动，周身俱要轻灵，尤须贯穿；于内而言，则要求应敌接手做到"神聚意专"，身形未动，神意先行。太极散手功夫到神明境界时，与人搏斗，有感而应，以逸待劳，后发先至，对手却如盲人摸象，如能至此,敌我双方,胜负已成定论。所以,"事物之来,随感而应,自然见得高下轻重。"

第三节 具体操作:"懂劲"解构

在太极散手技击中,在"听劲"的基础之上,想要制胜对手需要做到"懂劲"。《太极法》中记载:"自己懂劲,阶及神明,为之文成,而后採战,身中之阴,无时不然,阳得其阴,乾坤交泰;于人懂劲,视听之际,遇而变化,自得曲诚之妙。"[①]由此可见,"懂劲"从内和外包含两层含义。内在指明确太极散手实战中阴阳变化之规律,即攻防对抗的矛盾两个方面;外则是从"劲源""劲别"和"劲点"出发,熟练掌握劲力运用和修炼的规律与方法。例如,太极散手实战中的粘和走,"粘劲"的作用是进攻制敌,而"走劲"的作用则是化劲退敌,二者相互依存,相互转化,因此"粘中带走,走中带粘"。正如《太极拳论》言:"粘即是走,走即是粘;阴不离阳,阳不离阴;阴阳相济方为懂劲。"

一、明攻防本体论:阴阳互易观

太极散手的技击原理追本溯源,主要是道家中的"道"本论。中国著名的武术家王芗斋说:"拳道之大,实为民族精神之需要,学术之

---

① 懂劲:探索拳艺中"自己懂劲"和"于人懂劲"两个途径,将太极拳学与性命之学联系在一起。"曲诚之妙"与《中庸》"自诚而明""曲诚而明"两种境界相印证。要求人们拳艺修炼需要格物致知,曲尽其理。掌握阴阳变化之妙,有思则通,逐渐到达神明境地。

国本，社会教育之命脉"[1]。太极散手理论源头与道家提倡的"阴阳相济"思想契合，明其理，晓其义，应于心而现于形，才能成其艺。

阴阳是中国古代哲学朴素辩证法中的符号，也是中国古人对一切物质存在方式，即产生、变化、运动的高度概括。阴阳相生的运动观为人们认识世界、解释自然万物提供了钥匙和方法。阴阳的概念是中国古代的认知方式和表述方式，其起源华夏祖先在生活和劳动实践中对自然的观察。先人注意到太阳和月亮的变化，注意到白天和黑夜的交替，逐渐产生"阴阳"概念。所谓"阴阳"，最初的本义是指太阳的向背，向着太阳的一面为"阳"，背着太阳的一面为"阴"。许慎《说文解字》云："阳，高明也。"[2]所谓高明指接受阳光照射的高地所表现出的明亮状态。后来，又引申出向日、背日地理位置均可以用"阴阳"来表达。据《说文》记载："阴，山之北面为阴；山之南面为阳。"说的是人与自然对象的基本关系，被阳光照射者，它的现象尽被视觉摄入，形成清晰的映像称为"阳"。反之，阳光受到遮挡，它的现象就灰暗不明，其映像也就模糊不清，称为"阴"。视觉是人获取外部世界信息的主要路径，因而"阴"和"阳"，亦是人与外部世界的基本关系。若将这种关系引申一步，就相当于海德格尔现象学所说的"显现"和"遮蔽"，阳相当于现象的显现，阴相当于遮蔽[3]。这些都是经验层面的理解，古代思想家看到事物变化发展的正反两个方面，形成了形而上学的哲学思想范畴。笔者与许多学者一样认为哲理化的阴阳观念，即阴阳

---

[1] 王志远. 杨式太极拳诠释 [M]. 北京：人民体育出版社，2005：29-32.
[2] 刘翔. 中国传统价值观诠释学 [M]. 上海：三联书店，1996：327-328.
[3] 海德格尔. 存在与时间 [M]. 北京：三联书店，1987：115-116.

第三章 理通入道：太极散手实战原理探究

作为中国传统文化中典型的象始于东周时期[1]。东周时期，解易的《十翼》一书中才着重突出了阴阳观念。钱穆先生曾经在《易传与小戴礼记中之宇宙论》一文中做如下描述："《周易》上、下经，本不言阴阳，十传始言阴阳。"[2]

研究河图、洛书的起源时，笔者发现一万年前先民就有明确的阴阳观念[3]。河图表达的四时八节，相临的节气也是阴阳相间，用黑白点来表达这种观念。圣人依据河图、洛书画八卦，首先取法显然就是河图、洛书中的象——阴与阳。《易》以道阴阳，"阴阳"观念是《易经》哲理的根本。《帛书周易·易之义》一文的开篇曾经引用孔子言："易之义，唯阴与阳，六画而成章。""曲句焉柔，正直焉刚；天地相衔，气味相取，阴阳流刑，刚柔成章。"《易经》的全部义理归结为阴柔与阳刚，阴阳六画组成一个完整的六十四卦。天与地，阴阳互补，刚柔之气与阴柔之气相互聚合，阴气与阳气大化流行，刚爻与柔爻交互组成卦图。《易经》中的"阴阳之象"取自与历法息息相关的天文。中国传统文化中最重要的"阴阳之象"不是静态的，而是动态的。《易经·系辞》一书中记载："一阴一阳谓之道，继之者善也，成之者性也。"这里的"一"既是对阴阳动态的描述，也是讲阴阳之间的相互转化。《帛书周易·缪和》一书中曾经记载："凡天之道，一阴一阳。""阴阳"二者之间相生相克，具有复杂的动态关系。

---

[1] 翟玉忠. 道法中国：二十一世纪中华文明的复兴［M］. 北京：中央编译出版社，2008：147-148.

[2] 钱穆. 中国学术思想史论丛［M］. 台北：台北联经出版事业公司，1998：29-30.

[3] 翟玉忠. 斯文在兹：中华文化的源与流［M］. 北京：中央编译出版社，2014：7-13.

中国传统文化中，关于解释复杂现象的阴阳观记载很早，源流深远。马王堆汉墓中出土的《黄帝四经·称》一书中，用"阴阳"阐释了诸多事情，并对事物的行事原则进行了界定，对中国传统文化发展具有极深的影响。书中记载："凡论，必以阴阳大义；天阳地阴，春阳秋阴，夏阳冬阴；有事阳，无事阴；信者阳，屈者阴；主阳，臣阴；制人者阳，制于人者阴。""予阳，受阴，诸阳者法天；天贵正，过正曰诡祭乃反。"从中华传统文化的某些方面出发，可以得出阴阳观念的最初形态。例如，与中原文化有深厚渊源的彝族，他们习惯于用更形象的"公母"观念来表达原始阴阳。王天玺和李国文两位学者曾研究发现，彝族语支民族，如纳西、哈尼、白、基诺等族，在他们原始语言里保存着一个共同现象，把人类及万物的存在划分为同一而又对立的两半——一公一母[①]。另外，《老子》和《淮南子》等古籍中皆有以雌雄代替阴阳的文例。《太平御览》中《诗纬》一篇曾记载："阳本为雄，阴本为雌。"

《周易》中有用"大小"来代替阴阳的情况。台湾胡自逢先生提出："今四川、重庆民间欲呼日为大太阳，月为二太阳，仍有大小之别。"虽然从形式上来讲，距今4500年至6400年，大汶口文化中就已经出现阴阳爻卦画。当前学术界普遍认同《易经》中阴阳爻这种符号形态，演化自新石器时代占卜法产生的筮数，经过夏商周等朝代逐步发展，在汉代定型为今天的形式。周山研究员认为："先人对于数字卦中的各个数字所代表的具体数目，并不在意，但是对它们是奇数还是偶数

---

① 王天玺，李国文. 先民的智慧：彝族古代哲学[M]. 昆明：云南教育出版社，2000：32-33.

却十分重视。由此可见奇、偶和阴阳观念在先民的思维实践中占有极其重要的位置。①"

"阴阳"也表示相互对立和消长的两种物质势力。张守节学者在《史记正义》一书中曾提到："乾"即是阳；"坤"即是阴；生长就是"息"；死亡就是"消"。"阴阳"的生死与兴废的观念，则主要依据考订星历而发生的。在商代，人们将"阴阳合历"作为历法，通过对日月星辰等天体运行的规律，进行系统总结梳理，以此来提高对寒来暑往规律的认识，从而在人们的头脑中逐渐产生了阴阳对立的观念。依据实际需要，阴阳还可以引申为多个方面，例如奇偶、君臣、天地。

阴阳的概念在武术领域中运用最为充分。在太极拳中就包含了动静、攻防、虚实、开合、进退等，将这个古老的易经观念运用在太极散手之中，也是借助进退、开合、攻守、刚柔等对峙互补的观念和范畴，以此来阐释太极散手的拳理和操作要领。《太极拳论》中记载："须知阴阳，粘即是走，走即是粘。"太极运行的状态和技术操作的要领都归结于"阴阳之道"，"阴阳"之间的辩证关系，很好地阐释了太极散手技理和实践，"阴阳"辩证法也是中国传统文化思维方式最基本的运用。太极散手技击和自修都十分强调"守中""中和"，主张内外平衡、左右平衡、前后平衡。语言文字是思维的工具，当基本的概念模糊不清或误解时，我们就无法有效地思考了。因此，首先需要在"阴阳"这个概念基础上厘清二者之间的逻辑关系，阴阳之间的辩证关系可以理解为互为其根，对立统一，在合适的阶段还会相互转化。

---

① 周山.周易文化论［M］.上海：上海科学出版社，1994：8-10.

（一）阴阳互根

　　阴阳既济，互为生化，阴阳合德也。阴中有阳，阳中有阴。首先，在表现形态上面，《易经》只有两卦是纯阴和纯阳，表明事物和现象具有某种相对比较明确、精确和准确的形式，而其他62卦都是有阴有阳，可以说它们就是有阴也是有阳[1]。其次，《易经》中记载的太极图所用的表现图式，也意味着一种模糊，黑和白是相对清晰的，但总体上又是相对模糊的。如果把黑作为阴，白作为阳，则在纯黑与纯白之间，也有多种非黑非白、可黑可白的状态。《素问·阴阳应象大论》一书中记载："阴在内，阳之守也；阳在外，阴之使也。"内阴为外阳的动力，阳为内阴的运动形式。《内传》记载："动者阳起而动阴之凝，散者阴入而散阳之亢，阴阳交相为益。"由此可见阴阳二者之间对立统一，即所谓孤阴不生，独阳不长。在太极散手对抗过程中，阴阳相合体现在立身处势的整体思想上面，《太极拳论》说："动之则分，静之则合。"攻守过程中，劲力、重心、手足皆分阴阳，阴阳整合，变中守"一"，强调"整劲"的运用。《太极拳势图解》言："刚劲为阳，柔劲为阴，太极拳为阴阳亦然。"[2]《少林拳谱杂俎》记载："以柔为刚为主旨，以刚而柔为极致；刚柔相济，欲虚则柔，欲实则刚；刚柔相济，虚实并用。"[3]刚柔相济方能应对实战变化情况，此为阴阳相合而形成的妙用。

---

[1] 叶自成，龙泉霖．华夏主义——华夏体系500年的大智慧［M］．北京：人民出版社，2013．
[2] 马力．中国古典武学秘籍录［M］．北京：人民体育出版社，2006：176-179．
[3] 李赫宇．《庄子》与道教文化及武文化的比较研究［M］．北京：首都师范大学出版社，2014．

（二）阴阳相争

阴阳对立思维主要是指它们相互矛盾，尖锐对立，不可调和，两方面转化的结果是一方压倒另一方。好比水与火的关系，虽然世界上存在水与火两种现象，但它在同一体系中，在同一空间不能同时存在，水不能变成火，火不能变为水，水可以灭火，火能蒸馏水，水火不能两立，二者不能调和，不能妥协。阴阳对立，主要表现在二者之间相互制约，相互斗争，通过阴阳双方的排斥和斗争，从而推动事物的发展和变化。

（三）阴阳转换

阴阳两个相互对立的方面又总是处于相互消长的过程之中。阴阳两方面发展到一定程度，向对立面进行转化，一阴一阳，相互转化，流行不止。正所谓"阳极则阴，阴极反阳；阴阳相与体用。"朱子认为："太极分开只是两个阴阳，阴气流行则为阳，阳气凝聚则为阴；阴阳二气，实则太极之一气而"。"重阴必阳，重阳必阴"，阴阳消长转化的过程是万物产生、变化的根本规律。《系辞传》曰："刚柔相推，变在其中。"阴阳相推不仅包括阴阳互变，还包括屈伸往来，相互消长。《象传》曰："天地盈虚，与时消息。"阴阳处于消长盈虚的过程，这也是天地万物的基本法则。程颐提出："阴阳无始，动静无端。"阴阳没有开始也没有终结，处于相互流转、依存的过程。阴阳相互转化的理论与以相对论和量子力学为代表的现代新思维方式高度一致，现代科学认为，时间空间、质量能量等都是相对的，可以互相转换的。这种双向同构的事物性质是一个相对的运动过程，互相否定而互相依存的悖论成了一切事物的真谛。

二、太极散手中的阴阳变化之理

《越女论剑道》中记载："道有门户，亦有阴阳。"[①]手战之道，讲究攻防之方法，体现了阴阳哲理在拳术技击中的应用。古代武学典籍都着重强调阴阳互变之理的运用，对招法、机势、身法等层面进行具体的实证分析，强调在实践中制造和应对各种相反力量的变化，在攻守中得机得势，知阴阳之辩。在实战中，"阴阳之辩"主要体现在身法立势，双方站位之势。《拳经拳法备要》一书中记载："人一身伫立之间，需要阴阳配合。"[②]太极散手依据阴阳转换理论而建构其拳理，通过动作中的动静、开合等对立范畴状况的互相变化，来体现阴阳变化之"道"。《庄子论手搏之道》记载："且以巧斗力者，始乎阳，常卒乎阴。"拳术，手搏之道讲究尚巧，以巧斗力。这里"阳"指阳刚之气；"阴"指形体的"筋骨力"。由此可知，在春秋战国时期，研究手战之道的大家们，就已经将阴阳学说引入手搏之道中。《王宗岳太极拳论》开篇明义说："太极者，无极而生，动静之机，阴阳之母也。"无极而生太极，太极后分出阴阳、动静。太极中的阴阳、动静形成一系列动作。依据肢体形态可以分为上、中、下三盘，对应天、地、人三才是"三生万物。"在太极散手中，每一个招法动作都有动静开合之势，虚

[①] 马国兴. 古拳论阐释［M］. 太原：山西科学技术出版社，2001：7-9.

[②] 马力. 中国古典武学秘籍录［M］. 北京：人民体育出版社，2006：55-59.

实方圆之韵，"拳权刚柔"之劲。太极散手体现虚实渗透、奇正相生、蓄发相变、刚柔相济、动静浑然等阴阳变化规律。在攻防千变万化过程中寻找有利时机，因势而变，因对手招法而变，始终处于人背我顺之境地。招法变化也都是阴阳互易的结果，因此笔者认为，太极散手实战"须知阴阳"，实战中"阴阳"体现的主要形式则是动静、开合。

（一）动静开合：太极散手中"阴阳"化生

1. 动静哲学本体论

动与静的概念就是"关系"。"运动"是万物的原理，"物体位置或宇宙万物位置或方向的变化称为动，维持或保存其固有位置和方向称之为静""动有机，而静有势。"在相对静止状态中，静止是运动的特殊形式。在相对运动的状态中，动中处静，静中寓动。如周敦颐在《太极图说》中讲："动极而静，静而生阴，一动一静，互为其根。"由此看出动静互为其根，动由静生，静由动来。《后汉书》中记载："譬如户枢终不朽也。"即"流水不腐，户枢不蠹"，这里着重强调"动"。老子提倡："致虚，极守，静笃。"老子辩证地认为宇宙间一切事物都"动而归静，返璞归真，复归无极，称为静"。《太极拳经》曰："盖万物之理，以虚而受，以静而成，天地从虚中立极，静中运机，故混沌开。"虚静也是太极拳的最精妙之处，通过"静"来定心自养，体验宇宙本体之"道"。

太极动时存静，静中寓动，动静互根。机中有势，势中成机，机难分。动静即是阴阳，静而生阴，动而生阳，阴阳合德，动静均衡。《太极拳释义》中所云："夫动静无端，阴阳无始，太极者，其枢纽机关而已，太极拳行功时，中心泰然，未尝不静，有触即发，未尝无动。于动时存静意，于静中寓动机，一动一静，互为其根。"意思是告诉我们动静转化具有必然性，因此需要主动地掌握和利用这种规律。动是手段，静是目的，动中求静而守本。太极散手动作练习和使用过程中，要求有动必有静、有静必有动，动静相济，相得益彰。太极散手中"静"的含义也是区别于其他运动的特性，太极散手之"静"必须在动中体现出来，这种"静"蕴含着无限丰富的"动"的可能性，即"有系统、有主动、有被动"的一个整体运动。"知晓牵一发而动全身，太极散手的动静观，就是阴阳矛盾辩证法"。

2. 开合哲学本体论

"合"最初意思是合拢、关闭。《战国策·燕策二》曰："蚌方出曝，而鹬啄其肉，蚌合而拑其喙。""合"也指阴阳双方互为一体。老子曰："道生一，一生二，二生三，三生万物。"强调"一"的重要性，即统一性。"开"的本义是开起。《诗经·周颂·良耜》记载："以开百室。"另外还有展开、舒展之意。《辞系》记载："一阴一阳谓之道。"用"道"来阐释阴阳互易规律。"道"就是太极，太极动则分阴阳，"分"阴阳是指事物分成对立统一的两个方面，从而揭示其运动变化的根本原因，此"分"就是"开"之意。

《拳经》中说："一开一合，足尽拳术之妙。"可以从多层次、多角度去理解太极起落、进退以及相应的节奏连贯。其内在层次来讲，则是指阴阳虚实变换的分化和统一。所谓"开"，指肢体和内劲向外伸展扩大；所谓"合"，指肢体和内劲的收敛和缩小。太极的开合，讲究以外引内，内外统一，要求意识、呼吸、技法三者协调配合。在太极散手实战中则要求开中有开，合中有合。开中有开，指用招法粘黏对手；合中有合，指在交手过程中不断走化，由此可知开合相乘，对立统一。

开与合互为体用，能开才能有合，"开乃合之体，合乃开之用"。《太极拳论》言："引进落空合击出。"太极可以将人击出，是合的结果。"开与合"是相对之称谓。开，分也，由局部分析整体。《拳经》曰："动之则分，静之则合。"太极拳中所言之开，在拳中是以开或散而具体体现的。杨澄浦先生在《练习谈》中说："周身关节，均须松开自然。"在修炼中强调："一举动，周身俱要轻灵。"周身节节贯穿，周身松开，劲力在周身关节处运行无碍。"动之则分"即要求开而有隙，转动轻灵，运行无碍，节节贯穿。拳之开，不仅是有形之体、筋骨之间的松而开于无形之神、意、气而言，亦能开而散、聚而能合。"开者，不但手足要开心意亦能与之俱开；所谓合者，不但手足，心意亦与之俱合；内外合为一气，则浑然无间矣"。太极拳中的虚实开合，于内而言就是神、意、气的开而散开，合而聚集。拳中之分，以神、意、气的散开而具体体现。

开者，分也，分清轻重。《太极轻重沉浮解》记载："若不穷研轻重沉浮之手，徒劳掘井之不及泉水之叹耳。"《太极拳论》曰："立如平准，所谓轻重沉浮，分厘豪丝则偏。"想要做到"立如平准"，必须在自身轻重沉浮中，做到分厘丝毫分清且无偏[①]。《太极拳约言》中记载："轻则灵，灵则动，动则变，变则化。"轻灵是太极拳动作演练特点的重要标志，轻不离重，重不离轻，轻重相济，方为懂劲。对于太极散手的实际应用，杨澄浦先生曰："纯粹太极，其臂如棉裹铁，柔软

---

① 李光昭. 以拳证道［M］. 北京：华夏出版社，2014：120-121.

沉重"。棉则轻,铁则重;棉则其外,铁裹其内,即外要轻,内则重。《太极推手》中记载:"推手之时,可以分辨。其拿人之时,手极轻而人不能过。其放人之时,如脱弹丸,迅速干脆,毫不费力。"拿人之时,手要极轻,此手为"四梢空接手"之空手。真实表现为"绵内裹铁,轻内藏重"。外轻内重,做到"人拿我极轻,我拿人极重"。放人之时,要做到毫不费力,手无僵滞拙力,自然轻而不费力。对手之手触到己方轻灵虚空之手,己方顺势借力以蓄足深厚内力,引进落空,蓄而后发,"蓄劲如张弓,发劲如放箭"。黏人时,轻轻黏住,即如胶而不能解脱。黏人时,手要极轻,毫不费力,听准对手劲力之大小、方向,以虚空之手与对手之手相接,化解对手之力于无,才能做到"动急则急应,动缓则缓随"。己方外轻之劲力内藏着厚重之力,厚重劲力始终主宰着黏人之轻力,正如老子所言:"重为轻之根。"依上可知,拳术修炼中要做到"虚实宜分清楚",分清轻重至关重要。拳中之轻,为外、为显、为形、为虚;拳中之重,为内、为隐、为实。轻重相济,轻似水,重如山;轻则灵,重则稳。

(二)反为道用:虚实刚柔

太极散手实战以柔为体,突出"尚柔""贵化""用反""守弱"。表现出反为道用的哲学理念,巧妙的运用矛盾转化规律,从反方向出发,达到制胜对手之目的。在太极散手招法运用上,突出舍己从人、引进落空、曲中求直的技击理念,进而突出阴阳相济、以弱胜强的技击特点。"反为道用观"就是利用事物对立转化统一的规律,通过反向操作实现正面的目的。道家文化的核心和精髓,可以用一个"反"

字来概括。老子曰:"反者道之动,弱者道之用。"由此可知,事物的对立面转化是事物发展的根本动力和运行状态。太极散手实战中,"反为道用"需要一定的条件。需要己方立足自我,因势而变,借力打力。太极文化是中国武术中的一个重要组成部分,是一种实用操作性文化。"反"只是一种手段,并不是目的。核心思想是通过扬长避短、诡道迂回的方法和手段,借助虚实、刚柔因势而变,从而实现以弱胜强、以柔克刚的最好技击效果。《孙子兵法》说:"兵者诡道也,故能示之不能,用而示之不用,攻其不备,出其不意。""反为道用"在太极散手中突出的表现形式是刚柔相济、虚实相兼。

1. 虚实在太极散手中的哲学释义

"虚"者为空、无也。《圆觉经》记载:"虚妄浮心多诸巧见,不能成为圆觉方便。"《淮南子》说:"虚无者,道之所居也。""实"者为盈。《最胜王经》曰:"实际之胜,无有戏论。"实性与实相,都是指万有本体之语。《辞海》一书中对"虚实"的解释是"或虚或实,多指军情"。《吴子》书中记载:"用兵必须审敌虚实而趋其危。"

(1) 太极散手中的"虚"之内涵

太极散手是一种技击术,以论攻防为主,军事理论中许多思想与之相通,兵法中关于虚实的思想被历代武术家所借鉴吸收,在武术典籍中也多有体现。《手臂录》中说:"两龙相当,先审其强弱。"陈式太极拳传人陈鑫说:"虚实,即为拳经。"由此可见,武术中的虚实之说与军事学中的虚实理论是一脉相乘的。"虚"可以从以下几方面内涵予以阐释。

首先，虚是静[①]。老子说："致虚静守静笃，万物并作，吾以观复。"由此可知"虚"的含义很大程度上包含了前面所说的"静"。《太极拳论》中说："动之则分，静之则合。""虚"中所说的"静"是指静中藏着动势。老子还说："不屈之虚。"虚而有萌，"萌"本身是一种静止的状态，在这种状态之下还孕育着生机。"致虚极"指"虚"到了极致，就要守静，以观其复。虚极之复为实，至虚之复为刚，静极为动，此所谓"以虚求刚，以静造势"。拳中所言"虚"，可以理解为"无"。《道德经》第一章中记载："无名天地之始。""无"是开始，"常无欲以观其妙。""无"在太极散手中可以引申为变化无穷，拳法精妙，无中生有，让人捉摸不透。

其次，"虚"之内涵还可以理解为虚即是柔、虚为妙有。实战中，虚无的特性，在肢体语言表达为"松柔"，此所谓"松而能柔"，可以达到由实转虚，再由虚入无，无中可以生有，虚生实有即为刚，所以"刚和实"都是由"虚、柔"转化而来。"虚"还有一种解释为虚空。太极散手修炼中有一个境界称为"空"，此所谓"空"即为虚而不空，也就是虚而不屈。想要做到"不虚"，需要做到"妙空"即阴阳相济之劲。"劲力"的运用与发放是太极散手追求的较高境界表达。太极散手之劲力是虚而实之，虚实转换，变化万端。虚空转化为妙有，就是太极"劲"的修炼，在此，"虚"可当作"通"讲。太极散手劲力通路走向是根起于脚、主宰于腰、形于手指、发于脊背，"虚而达通"是指身体需要弱化即虚空，劲力运使才能畅通，虚则无碍，节节贯穿，完整一气，周身一家。

[①]李光昭. 以拳证道［M］. 北京：华夏出版社，2014：56-57.

虚实之间是辩证统一的关系，二者之间相生相克，谁也离不开谁。虚为体，实为用，虚为实之基础，实为虚之外显。《十三式太极拳歌》曰："变换虚实需留意。"董英杰先生在《太极拳释义》中讲："全部太极拳之精华奥妙，尽在虚实二字之用。"由此可见，虚实是太极拳经的基本点。虚实乃阴阳变化之理，变化才能生技巧，有技巧才可以言拳术。虚实不分，则所谓孤阴独阳，更无能变技巧之术。虚实者，变化之消息，转换之机枢，谋略之法则，胜负之拳权，太极技击之本源。

（2）太极散手中"实"之释义

"实"第一层含义可以作"真实""合适"来讲。杨澄浦在《太极拳之练习谈》一文中所云："所谓实者，确实而已。"实者动也，动而生机，太极散手实战灵活机变，分阴阳。虚实对待即是阴阳、动静、刚柔，首先，人体为一小天地，也分虚实。《人身太极解》曰："人之周身，心为一身之主宰；主宰，太极也；二目为日月，即两仪，头象天，足象地，四肢四象也。"心是浑然一"太极"，两眼象征太阳和月亮为两仪，头象征天，脚象征地，四肢为四"象"。从"天人合一"的理念出发，"实"象征"人"和"自然"两大本体。其次，在太极散手动作演练中也分出虚实。例如含胸拔背，就胸腔而言，胸前为阳，为实，实宜虚之，胸含而吞；背为后，为虚，为阴，虚者实之，故拔背而吐。傅钟文先生讲："如上下一条线，全凭两手转。"攻防转换过程中，左手实招，右手就是虚招。两手动作，运使刚柔从容，虚实变化，应变灵活，这是两手的虚实。"下与两胯，两腿相随"迈步，举止需要轻灵，虚实分明，重心转换时移向左腿，左实则右虚；移向右腿，右实则左虚；虚实转换之间，动势延绵。虚实能分，而后转动轻灵；如不能分，则迈步重滞，站立不稳，则为对手所牵动。《太极拳论》讲："左重则左虚，右重则右杳。"即左实右虚，右实左虚。最后，从劲力发放层面上来讲，"虚实"则有刚劲和柔劲之别。刚劲指实劲，也体现出劲力的硬实和厚重，也引申出对抗方式的直接凶猛；柔劲指对抗劲力的缥缈难寻，也可以指对抗方式的顺而不屈。《诗经·大雅》曰："柔则茹之，刚则吐之。"在更高层面上讲，虚实刚柔可以理解为阴阳哲学理念在太极散手中的运用。

综上所述，知人身之小天地之虚实，即太极散手动作中姿势、呼吸、劲力皆有虚实。从某种意义上讲，太极运动就是虚实运动。在对抗过程中的反映就是出手、进步、刚劲，手足关节伸、升为阳为实；而静者、收手、退步、柔劲，关节屈、降为虚为阴。所以，随着功夫的加深，周身一体、处处虚实、处处太极。阴阳虚实分明是太极散手功夫到了较高阶段的产物，即"理根太极"。

2. 刚柔在太极散手中哲学释义

太极被誉为"哲拳"。拳势中有"动静之分，刚柔之谓"，"刚"与"柔"是相对应的一对矛盾，也是"反为道用"思想在太极散手攻防技击中的重要体现。老子在《道德经》中说："天下莫柔若水，强者莫能胜。"意思是说水是天下最柔弱的物质，即使非常刚强的事物也难以战胜它。原因在于水之变化无端，因势而变，至柔至刚，无坚不催。太极散手以柔克刚，以弱胜强的道理即源于此。太极散手动作运使如行云流水，对抗过程中，讲究柔引、化发，不丢不顶，绵里藏针，犯者立仆。所以太极乃"柔中寓刚，棉里藏针之艺术"。太极散手招法"刚柔相济，柔极生刚，刚极转柔，刚柔二者之间是和谐统一的。"①

3. 反为道用观理念在太极散手实战中的具体表现

（1）以静制动

以静制动是太极散手"用反论"的一个重要体现，它充分体现了太极散手实战的战略选择和动作的表现形态。"静"指保持头脑冷静，心境宁静，心如止水。太极散手实战过程中表现为从容不迫，缓急相宜；缓而不滞，快而不涩；虚实渗透，攻守得体。要求保持良好的心理状态，表现为不愠不火，静观其变，动静在心，分合在形。头脑冷静的目的在于准确判断对手的招法和劲力运使的方向，做好"听劲"。"静"中蕴含着动势，静是积蓄力量寻找机会。《太极拳论》中记载："沿路缠绵的以静制动，是建立在对对手攻防消息的准确把握基础之上的。强调因敌变化，追求敌我关系的相通和转化，应对对手，静运无慌。"实战中要求保持全神贯注，静若山岳，动若江河。太极散手实战中判断对手的招法时，主要通过沉着冷静的"听劲"，应对自然，因应变化，从而获得实战中的主动权。因此，以静制动凸显出太极散手实战中"听劲"的重要性，体现出"静尚势、动尚法"的原则。其次，"静"也体现出一种周身一家，蓄势待发的状态，可以产生使对手胆怯的威慑力量。"以静制动"即强调攻防过程中，不轻举妄动。

（2）柔弱胜刚强

"柔"指的是能变化、能转化的有法之柔；"刚"指的是有韧性的

---

① 陈太平. 太极推手述真［M］. 北京：北京体育大学出版社，2002：27-28.

爆炸劲。柔能克刚是老子的哲学思想，老子说："柔胜刚，弱胜强。"在中国武术史上最早见于文字关于以柔克刚的技击理论与方法载于《梦绿唐枪法》，书中写到："柔能克刚，弱能制强，即此中之软硬之道理也。"[①]"以弱胜强，以小力胜大力"，力量、技巧和时机的把握是影响实战效果的关键因素。"柔乘他力后"当对手以刚直之力攻击己方，己方首先是运用招法化解对手刚直之力，使对手劲力打偏，使其处于进之不能、退之不可的境地时发放对手，此所谓"以曲打直，以圆化方"。

太极散手实战对抗讲究刚柔相济，棉里裹铁。那么，如何做到"以柔克刚"？一是自身之柔，即肌肉筋骨既要经常保持极度放松的状态，也要有相对的稳定性，柔中寓刚，保持相当的弹性、韧性和灵活性，即包含一种进可攻、退可守的内劲。

其次，技击之柔。拳谚曰："出手不见手，手到不让走。"[②]刚柔相济，对抗中处处控制对手，阳刚阴柔，刚在明处，柔则在暗处。刚的招法常主动，先发制人，招法暴露；柔的招法常是被动，后发制人，招法隐蔽。所以柔的招法经常是等待时机，隐蔽攻击目标，出其不意取胜，所谓"人刚我柔谓之走"。刚劲直而方，柔劲曲而圆。实战过程中，己方用柔劲化对手刚劲，避开对手力峰，以圆力破直力，谓之"走"。"柔乘刚力后"，己方劲力发放要求"顺随"。《易经·系辞》记载："柔之为道，不利远者。"以柔克刚必须顺势借力，己方离彼方的距离也需要控制，离彼方距离较远，此时为己方使用拳打脚踢的好时机。柔中寓刚，刚柔相济，谓之"懂劲"。只有达到"懂劲"这

---

① 于志钧. 太极推手修炼 [M]. 北京：北京体育大学出版社，1996：119-120.
② 赵增福，赵超. 中国赵堡太极推手 [M]. 西安：世界图书出版公司，2003：94-95.

第三章 理通入道：太极散手实战原理探究

个层次，才能刚柔互用，制胜对手于无形。正如《太极拳论》中所说："极柔软，然后极刚，无坚不催。"

再次，还需要借用生物力学原理达到以弱胜强的目的。例如，轴轮规律的运用。在实战过程中，己方走轴心，彼方走外圈，己方始终是抄近路，对手招法虽然较快，但是己方却能后发先至。"虚柔刚发"，劲力运使和招法运用既有虚实之别，更有刚柔之谓。当然更要注重时机的把握，"刚劲"以迅疾为主要特征，"柔劲"以随势就屈为主要形式，刚劲与柔劲互根，刚柔要求适中，"刚中有柔，故不为物所滞带；柔中有刚，故不致被敌所乘"。"松、沉、圆、活"是劲力的表现特征，劲力运使，变化无端，周身俱要轻灵。以刚胜人，多恃力大，对付这种对手，不能正面相持，必须避开对手的正面攻击，这就需要灵活。散手中受到攻击的目标是周身的任何地方，《太极拳论》曰："一举动，周身俱要轻灵。"

最后，息力生气。攻防过程是非常消耗体力的，以柔克刚的本质是以弱胜强。太极散手想要制胜对手，需要充分利用对手的弱点，强者恃力不恃技，即以力量降人，而不以技巧取胜。所以想要"以弱胜强"，必须设法引诱对手发力，以消耗其体力，同时在攻防过程中还能抓住有利时机，缓冲休息，恢复自身的体能，这就是"息力生气"。

"太极散手之运动，惟刚与柔；彼方以刚来，彼以柔来，全在称量"。太极散手实战中，关于对手劲力的运用，不外乎刚与柔两种。如果对手用刚劲进攻，己方可用柔劲化解；如果彼方使用柔劲，己方需要用自己的感知觉"听"出对手的劲路，犹如用称之物一样。柔在外而刚在内，此所谓刚中寓柔，先用刚劲，引出对手真正之刚劲，己方用柔劲破刚劲，牵动对手之重心，乘势取胜。柔劲寓刚劲，则是绵里藏针之艺术，劲力未发之前，柔弱无骨，使彼方无从察觉动向，己方发出之际，疾如放箭，使对手来不及察觉。刚柔相济之劲力的发放与运使，需要因时而变，因具体情况而定，随机而动，即不能顾此失彼，也不能惊慌失措，此道理不得不详辩焉。

（3）虚惊实取

"惊取之法"与"虚实之道"二者之间的辩证关系体现了太极散手实战中的深层谋略。拳谚曰："惊法者虚，取法者实。"虚惊实取是利用虚假之招法引诱对手，误导对手，伺机用实招取胜对手。在太极散手具体实战中，攻防的招法和劲力运使处处体现虚实的区别。太极散手劲力发放为实，化劲为虚，化劲的目的是为发劲制胜对手做铺垫。以斜挒为例，甲方在左，乙方在右，乙方双手按甲方右臂时，甲方用右臂掤住乙方的按劲，甲方顺势右转，右手黏住乙方的右手腕，左手搭在乙方肘关节外侧，向右下方牵引，使乙方失去重心。实战过程中，乙方用的是实劲，甲方以化应对乙方的实劲，黏逼使对手劲力落空，趁机向对手发劲，从而制胜对手。由此可见，虚实惊取体现了攻防制胜过程中反为道用的战术思想。从具体操作视角看，太极散手实战中"虚实惊取"的要领由三个环节组成：首先，虚实区别对待互为前提，这为劲力的变换提供了先决条件；其次，虚实的互寓共生，虚实相兼，在具体实战中始终保持一种可随时变换的高度灵活状态；最后，虚实的对应反向转化，敌实我虚，我实敌虚，由此体现出太极散手实战中"制人而不制于人"的技术特征。

（三）"懂劲"在太极散手实战中的具体操作

1. 理清"劲源""劲别""劲路"和"劲点"

《心会论》言："腰为第一主宰。"腰主宰劲力的运使与发放。武禹襄先生在《十三势说略》一文中提出："其根在脚，发于腿，主宰于腰，行于手指。"孟乃昌提出："太极以阴阳为用，以圆为体，而腰为轴，命之在腰，内外相合，表里均备。"因此可以说"命系源头在腰系"。朱熹《观书有感》言："问渠那得清如许，为有源头活水来。"腰肾精气乃劲力之源头活水，活水长澈，日有新知，"腰为劲之源泉"，因此要"刻刻留意在腰间"。

劲别，即"劲"的种类。董英杰在《经验论》中说："架子练熟，推手入门，乃讲懂劲；太极拳中有粘动劲、轻灵劲、沉劲、内劲、提劲、搓劲、按劲、发劲、寸劲、抖劲、挂劲、蓄劲等；以上诸劲，紧述大概。"陈炎林在《论劲》中将劲分为："黏劲、走劲、化劲、拿劲、发劲、挒劲、採劲、按劲、捌劲、肘劲、靠劲。"最基本仍然是掤、捋、肘、靠、採、挒、挤、按八法之劲力，此外还有"踢、摔、拿、擒"等诸多方法。在熟练掌握"太极八法"的基础上，还需要掌握"太极八法"劲力运使的规律，才能在实战中运用自如。

劲点，指双方接触的部位，在太极技击中称之为"点"。这个点就是双方短兵相接的焦点。俗语道："线中有点，积点成线"，每个动作运使中往往包含若干个劲点。技艺水平的优劣，也全在"点"上变化的多少和反应的灵敏程度。太极技击中"点"主要有"实点""滞点"

"空点""发点"等几种类型，"实点"是对手向我用力之点；"滞点"是对方不能灵活变化，不舒服之处；"空点"是对方没有力或使不出力之处；"发点"是用来击发对方中心的点。练习过程中，需要弄清每招每势中不同"劲点"的变化，这些变化只有练到身上，才能在实战中不假思索、随心所欲、淋漓尽致地运用出来。

劲路，指劲力起点到终点的运行路线。理清"劲路"首先要明其"三节"，人之三大节，头为上节，身为中节，腰以下为下节。《十三势说略》曰："其根在脚，发于腿。"李亦畬在《走架打手行工要言》中记载："劲起脚根，变换在腿。"从而明确指出"劲力"之源在足根。三节之中，根节为劲力发源之所，因此在技击中发人拿人，须先制其根[①]。

2. 掌握"劲力"运使之规律

（1）刚柔相济

"刚劲"就是以腰为轴，瞬间发出的爆发力，亦称弹簧劲。柔从《拳论》上讲"运动之动久，则化刚成柔，练柔为刚，刚柔得中，方见阴阳。"可见柔并不是松软，而是去掉拙力、蛮力后，得到一份柔中寓刚的劲力。在太极拳技击中，劲力运使具有刚柔相济的特点。刚，不是纯刚，而是刚中寓柔；柔，不是纯柔，而是柔中有刚。《刚柔十要论》说："刚柔相济，则粘、连、随、腾、闪、空，无不得其自然矣！"由此可见，太极技击功夫达到刚柔相济的意境时，攻防拳势时所用的粘、

[①] 施永康. 太极拳与养生保健[M]. 北京：人民军医出版社，2013：20-25.

黏、挤、按等招法都可以运用得得心应手。刚柔相济在太极散手动作中有体现，然而就劲力来说，在运化时，要柔中寓刚，劲力发放时，要求刚中有柔。太极的柔是软中有刚、外柔内刚，这样才不容易被人攻破。当对方用刚劲打来，己方用柔劲引化，这是为了让对方的力作用不到自己身上，恰似对方拳头打在一团棉花上，会有"不得力"的感觉。但真的像棉花那样"纯柔"，己方会被彼方手臂压扁，所以要柔中寓刚，应用含有一定刚性的柔劲，才能达到既不被对方实劲击中，又能够顺势引进，使对手劲力落空。实践证明，攻防中刚柔是不断变化的，需要掌握好时机，随机应变，施而得法，才能克敌制胜。

（2）虚实相兼

虚，空也，无也。《文选》张衡《西京赋》记载："有凭虚公子者。"凭，依托也；虚，无也。《史记》赞："老子所贵道，虚无因应，变化于无为。"《淮南子》精神："虚无者，道之所居也。"按道为所证之真理，无形象可见，故谓之虚无。实，富也，充满也。虚与实，是相对的，是平衡的。无实不足以言虚，无虚无法以证实，虚与实是相生相成的。太极散手实战是一种虚实相兼的运动。在攻防实战中，攻防之拳势和劲力运使都要有虚实的区别。从劲力发放的角度讲，劲力发放为实，化劲为虚。粘是粘紧对方，控制对方劲路，为实；走是走化，化掉对方的实劲，为虚。以太极散手中斜捋方法为例，乙方双手按甲方右臂时，甲方用右臂掤住乙方的按劲，甲方顺势右转，右手粘住乙方的右手腕，左手搭在乙方肘关节外侧，向右下方牵引，使乙方失去重心。甲方的身体旋转尽量不超过45°，过则丢劲，右脚脚尖外摆。此推手过程中，乙方用的是实劲，甲方以化应乙方的实，使乙方劲力落空，进而变被动为主动，趁势向乙方发。

《唐顺之论拳》曰："拳有定势，而用时则无定势。然当其用也，变无定势，而实不失势，故谓之把势。做势之时，有虚有实，所谓惊法者虚，所谓取法者实。"由此可知，双方攻防过程中，要求彼实我虚，彼不知我，我独知彼。使动作富于变化，将虚实运用得非常巧妙，才能处处保留蓄势而在瞬息万变的情况下处于主动。故善战者，制人而不受制于人。

（3）开合之谓

开与合是对立的、统一的，是相辅相成的。如欲开必先合，有合才能开，开合首先是建立在合的基础上的。合，不是单纯的上肢收缩，而是心、意、气、形相合。心意一合，四肢、肌肉、精神相合。蓄劲是劲力发放之前的重要环节，劲力发放的重要条件，劲力的运用过程就是先蓄而后发。蓄劲是指聚集劲力、敛而不发，劲力发放的时候，要求"周身上下俱开，心到意至，气随劲达"。从劲力发放上，顺缠丝螺旋劲时，是蓄劲、合劲；逆缠丝螺旋劲时，是运劲、化劲。顺缠丝右掌，右前臂下塌外展时，则是放劲、开劲。如双方交手时，己方右臂以掤劲挤出，彼方用双手将之，己方顺着彼方将劲的方向，右手臂内旋松沉、顺随彼方之将劲；然后，己方以顺缠丝劲再向彼之左上方外旋手臂掤撑、挤靠彼身，在彼忙于摆脱我外旋手臂用按劲，再按己方右前臂时，己方借机顺势，再以逆缠丝旋劲，内旋手臂下塌其腹，以达制彼方之目的，此为开中再开。所谓合中再合，即由开变合之时，合中再作一开劲，而后继续收敛缩小内合，表现为当彼方以刚劲进攻己方时，己方以弧形走化，彼方又以弧形技法紧逼，己方则顺其动向再次黏化，继续弧形收敛缩小，不丢不离，使彼不及于己，在对手旧力已过，新力未发之时，而己方劲力瞬间爆发作用于彼方，做到"周身柔软似无骨，忽然放开都是手"。

（4）劲力误区：丢、顶、匾和离

在太极散手实战的过程中，经常会出现"顶、丢、匾"[①]等"常见病"，以上几种"常见病"往往会令己方在实战中处于被动，导致失败。下面对这几种误区进行详细阐述。

"顶"即"对顶"，就是我们常说的"顶牛"，太极散手中称为"双重"。在实战中表现为当彼方用推、按等方法进行攻击时，己方不顺随对手劲力运使方向，引进落空，而是用劲死顶，寸步不让，这是一种以力降人的"病手"。其次还表现为抗争和较力以及刚开始搭手时的出手太过。

"丢"即"丢失"。这里包含两层含义：一是该得到的没有得到，在得机得势、势在必得的情况下，不能进而取之，错失取胜的好时机；二是不该丢失的却丢失了。在太极散手实战中表现为进攻时不知道怎样进攻，防守时无应对之法，无论进攻还是防守，招法都无法做到粘连黏随。

"匾病"在太极散手中表现为瘪，出手萎软且缺乏掤劲，与彼方交手时，无法承接对手的来力，容易被对手乘虚而入，一摧即垮。"匾"

---

① 李亦畬手抄《王宗岳太极拳论》打手歌中记载"粘连黏随不丢顶"中"丢顶"二病，演化为"顶、匾、丢、抗"四病。顶，我之于人的过激反应；匾，我之于人的消极反应；丢，人之于我的消极反应；抗，人之于我的过激反应。与人交手，感知对手三分劲力，己方以八分对之，则顶；以六分对之，则丢；以七分对之，则可。

的原因在于失于圆，无法运化。

"离病"表现为实战中脱离、离开。"离病"为断，其形断，其意也断。在实战中表现为不能将对手劲力引化，也不能乘势借力，更不能引进落空，因此经常被对手乘虚而入。"离"则是由于不会听劲，不能知己知彼，无法做到粘连黏随。

改善"顶牛"现象，首先需要"听"准对手的劲力方向和路径，然后顺势把对手的劲力打偏，破坏双方形成的双重。例如，倒步大捋这个动作的运用，己方用推肘向彼方进攻，彼方采用同样的方法顶抗。己方可以松腰，然后向右拧转，用左手将彼方右手粘拨开，使彼方推按的劲力无法作用在己方身上，然后顺势进身，用左手推彼方肘部，右手推彼方胸部，从而发放对手。而"匾病"的原因在于掤撑不够，因此在实战中，身体要处处圆融，蕴含掤劲。"丢病"和"离病"则需要培养和提高"掤听劲"的能力，"掤劲"贯穿于攻防的始终，粘连黏随，引进落空，才能不丢不顶。

3. 整体劲的发放

在"听"的基础上，逐渐懂劲，想要制胜对手，则需要太极散手整体劲的发放。太极散手中，凡得机得势，即可发劲，整体劲越整，威力越大。"发劲"是一个综合过程，每一个招法都需要全身肌肉的配合。整体劲的发放除了"整"的要求，还要求做到"准"和"纯"，精纯是衡量劲力质量的重要标准。劲力精纯与动作精确程度有关，动作不清，劲力无法做到精纯。"准"的基础是劲力发放方法要对，招法明确，劲力发放准确，劲力的威力才能有效发挥。因此，整体劲力的运使与发放，包含了整、准与纯。《太极拳解》说："发劲需上下相随，运劲如抽丝。蓄劲如张弓，发劲如放箭。"整体劲的发放需要经过运、蓄、引、发等几个阶段，运劲时如蚕吐丝做茧般迂回连绵，蓄劲如张弓，要拉满蓄足，而"发劲"如放箭，脱手而发，不思而得。太极散手实战中，对方向前用力按来，己方可用捋劲；对方向后抽身，己方可以顺势用按劲发放。应随机运用，变化无方。总体来说，关键在于发放时周身上下相随，专注一方，以腰为轴，以脚为根，全身劲力务求完整一气。

（1）"引劲"和"化劲"

"引"和"化"是相辅相成的。在攻防过程中，注意预防"顶牛"和"双重"。"引劲"就是引诱、引领对手按照自己的意图，从而达到引进落空的效果，同时也是一个由被动变主动的过程，通常情况下，经常采用捋法和採法。姜周存教授提出"捋须顺随劲力同"的应用理念，"捋劲"是"引化劲"的一种，要求自然柔和顺随，顺势而取。"捋手"要求两臂随腰胯圆转顺势捋，要求符合沉肩坠肘、腕不贴胸、肘不贴肋的技术规范[1]。例如，太极散手实战中"斜捋"这个动作的运用，彼方用左拳击打己方的胸部，己方顺势左转身，左手黏住彼方的左腕关节，右手黏控住左手关节外侧，顺势向左下方牵引，彼方由于失去重心而跌出。而採法在实战中则是用手钳制住对手的腕、肘、膝、踝等活动关节向外牵引之，"採"属于"拿"的范畴，"採在十指指要实"，採法要求用手指採；其次，採法运用时要注意控制对手的身体部位。例如实战中单採的用法，彼方用右手攻击己方的胸腹部，己方先用腹掤，撑

---

[1] 王志远. 杨式太极拳诠释 [M]. 北京：人民体育出版社，2005，12：160-163.

住对手，顺势右翻转，顺势拿住彼方的腕部，向右后方採引，使彼方失去重心而跌出。"捋"和"採"是"化劲"常用的招法，"化劲"的主要作用既是防守，同时也是防守反击的过渡。"化劲"是太极散手中的上乘功夫，"无形无象"主宰于腰。"化劲"的运用，应该做到周身处处可化，其中的关键点是"黏随"对手的招法，要求做到不丢不顶、引进落空。在实战中，主要将"採法""捋法"和"掤法"结合运用，"掤劲"贯穿于攻防的始终，劲力含刚而不外露，外操柔软而应敌。其次，攻防中要有变化，随对手变而变，因势而变。由上可知，"引劲"和"化劲"都是为了"发劲"做准备。

（2）劲力发放

在"听住""引化"对手劲力的基础上，发放劲力时，周身一家，劲力短促，力点集中，身法上面"身要欺人""步要过人"。"发劲"时，要求"听化引拿"，粘连黏随，随化随发，周身一家。在"人背我顺"的条件下，采用捌肘靠按等技法发放对手，使敌"立扑"。例如捌法的运用，捌法是一种进攻方法，通过两手旋转合力扭翻或者推挫对手。太极散手中"捌法"运用的规律是"捌须旋翻扳倒惊"。包含两点内容：一是两手同时作用在对方身体上，两端用力必须大小相等，方向相反，两端用力相互错开，破坏对手身体重心；二是两手同时作用在同一肢体不同部位，两端用力大小相等方向相反，使对手肢体受限，或者使对手关节受限制，这类用法属于反关节的用法。例如，太极拳中野马分鬃动作是典型的用势，以右野马分鬃为例，彼方左顺步按己方之右臂，己方身体向右旋转，同时右手黏住彼方左腕，用左手拿其右腕，同时进右步套其左脚外侧，右手臂从彼腋下经胸前向前右分捌。单捌在太极拳散手中运用，己方掤住彼方动作来势，右手採彼方右手向右后牵拉，彼方右转身用右肩膀靠击打己方胸部，己方顺势右转身，拿彼之右腕向外旋拧，使对手跌出。由以上实例可知，太极散手实战中的"发劲"想要达到制胜的目的需要掌握三个要素：首先，必须要得机得势；其次，要掌握"发劲"的方向，顺势而为；最后，必须找准劲力作用点，对手"一触即出"。

"劲力"是高级技击术的基础，劲力的水平反映了机体神、形、气等系统相互间协同作用程度。"听劲""懂劲"和"发劲"等也是通过机体素质逐渐完善，不断提高机体本能对技击行为的适应程度，使技击成为机体自然运作过程，即所谓"不求胜人，而神行机圆亦莫能胜之"。[1]在太极散手实战过程中，"劲力"的"掤听化发"需要具备以下几个条件：①时机的制造、感应与把握能力；②劲力的掤、发能力；③劲力与手眼身法步的协同能力。"劲力"的运使等技击修为需要经过站桩、盘架、推手、拆招、散手等修炼过程，才能达到"由招熟而渐悟懂劲"的程度，"劲力"与"招法"之间是内外合一的关系。在"听劲"阶段，一般采用"掤法"，达到"来叫顺送"的目的；在"化劲"阶段，一般采用"捋法"和"採法"，则是为了"引进落空"；在"发劲"阶段一般采用按捌肘靠等招法，则是为了达到随化随发，贴身发放的目标。"劲力的运使"与"招法圆融"二者相辅相成。劲力的运用实为实现特定的攻防技击目的，同时将"力量的大小、方向都极度的协调完美"[2]。同时，太极散手"劲力"修炼会从"力"的修炼逐渐深入，发

---

[1] 童旭东. 孙式武学研究［M］. 北京：中国书籍出版社，2008：370-372.
[2] 陈龙骧，李敏弟. 李雅轩杨式太极拳拳法精解［M］. 成都：四川科学技术出版社，2007：19-33.

展成为"意"的运用与展现[①]，此所谓"有意胜无意，无意才打人"。

第四节 感应随通：太极散手实战技理中"道"之阐释

《太极拳经》记载："神以知来，智以藏往。"技艺到达较高水平，攻防用招浑脱无迹、圆融一体，没有棱角呆滞之象，具备随对手之变化、"打人由我"的功夫境界，此所谓"神明"。无形存在于有形之中，将修炼过程中令人羡慕、敬仰的"形"和"招式"都去掉，做到"有所往，有所不往"。动作上，则由开始修炼时的"大圈"变化为"小圈"，乃至"点"的变化，招法运用融会贯通后而忘却，或者说将其随心所欲的运用归结于"来意"和"去意"的运用。"神明"就是符合自然规律的一种状态，即"对规律的自然体察和调节纠正以便符合的一种水平"[②]，这种状态也是拳理哲学的理解。

太极散手的修炼过程就是悟道、修道的过程。《太极拳论》曰："一阴一阳，谓之道。"道即"阴阳相济"与"阴阳变换"的规律。故太极修为就是用阴阳变换之规律去剖析实战过程中的各个环节，理解实战技击的规律，在攻防转换中制人而不受制于人。从道德视角来讲，太极之道在于修炼自我、改造自我，从而返朴归真，找到"本我"。宇宙万物皆分阴阳，个人也是如此。"自我"属阳，指看得见、摸得着，实实在

[①] 沈寿. 太极拳论谭[M]. 北京：人民体育出版社，1997：176–177.
[②] 余功保. 太极密码：中国太极拳百题解[M]. 北京：人民体育出版社，2010：156–157.

在的"我";"本我"属阴,指蕴藏着无穷智慧和能量的"我"。太极散手实战之道,终极目标应该是通过技法和劲力的修炼,使自身蕴含的无穷智慧呈现出来,将"自我"与"本我"融合,从而实现完整的阴阳相济的"真我"。《杨家老谱》记载:"天地为一大太极,人身为一小太极,人身为太极之体。"通过修为,掌握宇宙万物的变化规律,由拳入道,拳道合一。从而实现"物我两忘,道法圆融"的境界。这种高超的智慧,体现在太极散手攻防之中则表现为"有"和"无"。

一、拳道:"有"与"无"之辩

《道德经》言:"道可道,非常道;无,天地之始;有,名万物之母。"道生万物,万物归道之本性。《太极拳论》曰:"太极者,无极而生,阴阳之母也。"由此可见,太极拳依"道"而生,"修拳即悟道"。太极散手之道可描述为"无,拳阴阳始末;有,拳动静之机"。因此,"有"和"无"为太极散手拳道之妙门。

太极散手攻防之道所言"无",指招法未用,动静未分,内外俱寂,无形无象,此时谓之"无",也可以称为"无极"。太极散手攻防之道所言"有",招法因势而出,形可既迹,象可既寻,此时为"有",亦可以称之为"太极"。太极散手攻防动作有形有象,经过艰苦的修炼则可以达到无形无象,周身透空之神明阶段。此时,"处处为拳",达到"浑身是手招无缝"之境界,此时,"发人不见其形",此所谓"有形有象皆为假,拳到无时始见奇"。依上可知,"道"是建立在纯熟的技法之上的,所谓道由技进,法无常法。

其次,从劲力的视角出发,"无"还可以引申为"劲力透空"。

与人交手,明心见性,如镜映物,浑然一体。己方周身透空,全身没有实点,彼方进攻到己方身上任何一点均能虚而空之,彼方不知所措,只能拱手认输,可以形象地描述为"好似水中荡舟",此所谓"太极无手处处手""周身无处不空灵""挨着何处,何处发""一横一竖打天下"。故,太极散手以"无"言"有",以"道"解拳。

二、人道:"德艺双馨"

"道"是太极散手修炼的终极境界。"德"通"得",道德即"得道",即人们获得的人生最高智慧。太极散手是一门高超的搏斗技艺,"拳学一道,不仅锻炼身体,尚有重要意义存焉;就传统而言,首重德行"[①]。由此可见"德艺"不分。武德是中国传统论理文化的具体表现,不仅重视人与人之间的和谐关系,而且强调"和睦"这种人文精神。道德是一种智慧,是人们安排自己生活方式的基本依据,也是技艺修炼愿意恪守的生活态度和行为准则。在中国武学教育中强调"未曾习武先习德",武德教育是习练太极之人的伦理规范教育。"拳学一道,不仅锻炼肢体,尚有重要深意存焉。就传统而言,首重德性,应遵守之信条,如尊敬师长,重亲孝长。"[②]在入门阶段,尊师、恭谦、礼让是最基本的伦理规范。其次,在习练太极的过程中,也是对人的意志力和尚武精神的磨练与培养。孟子说:"故天将降大任于斯人也,必先苦其心志,劳其筋骨,饿其体肤,空乏其身,行拂乱其所为,所以动

---

① 姚宗勋. 意拳:中国现代实战拳术 [M]. 北京:北京体育学院出版社,1989:147-148.
② 李荣玉. 走进王芗斋 [M]. 太原:山西科学技术出版社,2011:176-179.

心忍性，曾益其所不能。"专心、苦心、恒心构成了习练太极者的基本意志品质。在前两个层面武德修养的基础上，进一步注重武者在更高层次的精神境界的修养。例如"礼"和"信"以及"仁、智、义"的修行，即"内圣外王"的侠义精神和"浩然正气"的养育。太极文化中虚己待物、舍己从人、外圆内方、智圆行方的人格特征和行为方式，是在不可抗拒的压力下，锻炼出来的一种顽强乐观的情绪和不屈不挠的战斗精神，也是中华民族世代生息的精神力量和生命智慧。训练中对技艺精益求精的追求与技击中因势而变、随机就势的智慧结合，体现出得心应手、左右逢源的辩证统一。

从更高层次来讲，自强不息、厚德载物、示弱不动心是太极德艺的核心内涵。示弱讲的是为人处世的基本表现和现实心态，不仅是个人修养的一种自我要求，更是一种斗争的策略要求。示弱是大智若愚的表现，在攻防实战过程中，示弱既是对自己实力的隐藏，也是对对手招法的掌握。"图难于易，为大于细"，强调时机的把握，制敌人于弱小之时。而"不动心"的目的是在遭遇困境和外在干扰时能够保持平和的心态，在立身面世时具备一种自我调节能力。厚德则是能够包容他人，承载万物，厚德也是为了建造良好的情感环境，使自己体会到情感的愉悦，更是对自己人生的一种智慧安排。

三、万宗归一理：圆通

学界关于"圆道"观念最早见于大汶口原始文化，《易经》则是对这种思维进行了最早的演绎。《易经》中关于卦象之间的转化及其内在联系都突出"圆通观"[1]。《周易·说卦传》记载:"乾为天,为圆。"在《吕氏春秋·圆道》篇中,"圆通"的境界就与"道"结合在一起,称为"圆道"。《圆道》记载:"天道圆,地道方,圣王法之,所以立上下。精气一上一下,圆周复杂,无所稽留,故曰天道圆。万物殊类殊型,皆有分职,不能相为,故曰地道方。"由此可知,对于自然界中的"圆道"现象,学者从思维方式的视角,认为这是一种"圆道思维",圆道观是中国传统文化中的根本观念之一[2]。

"圆通"代表人生境界。《淮南子·主术训》记载:"智欲圆而行欲方,智圆者环复转运,终始无端。"这里主张一种"智圆行方"的人格形态,仍然是追求一种玄通、圆融的修养境界[3]。因此,"圆"代表一种绝对完美的境界和绝对圆融的价值的形而上的本体建构。从更高层面上来讲,其代表了华夏民族的整合精神,从整体完美方向出发。另外,传统文化以圆寓意,中国哲学重视对生命的安顿,重视德行的优先。从根源上面讲,就是重视主体精神境界,重视完美人格的养成,而最完美的人格应是圆,象征"圆融""圆通"[4]。

金庸先生说:"太极之修炼,主要不是拳脚功夫,也是头脑、心灵中的功夫。如果说以智胜力,恐怕还是浅了,最高境界的太极拳,不求发展头脑中的智,而是修养一种冲淡平和的人生境界。"由此可知,

---

[1] 李赫宇.《庄子》与道教文化及武文化的比较研究[M].北京:首都师范大学出版社,2014:150-151.

[2] 刘长林.中国系统思维[M].北京:社会科学文献出版社,2008:14-16.

[3] 李延仓.道体的失落与重建[M].北京:中国人民大学出版社,2013:87-89.

[4] 马建勋.圆点哲学[J].人文杂志,1996:20-25.

太极散手具备"术"的武技特点，却同时通过"术"的修炼，以涵养心性，是古圣先贤们锻炼养心磨练意志的"助修品"。"拳武之学"的修炼经历了从基础的盘架子逐渐过渡到劲力圆融，"浑身是手招无缝"之境地，再到"万宗归一理""一理悟透万法亨通"之"超然"境界，从而实现"以术证道，道术合一"的目的，其核心思想是"圆通"，即在德行修养、塑造和智慧表达方面实现"圆通"。

小　结

太极散手实战之"道"，本质上来讲是修心、养性、悟道。此时破除各种偏执，对胜负、成败、利害和得失采取一种"超脱"态度，交手迎战已经是"游戏于艺"，心平气和地跟对手"玩"两手。此时已达"神明"之境地，表现为洞见一切、阴阳不测、神妙高明的大智慧；不拘泥于固定的招法动作，潇洒超脱地表现自己的个性，真正体现"天人合一"；功夫火候已达"德盛仁熟之致，非智力能强也"。太极散手之"道"也体现出拳道合一、体用合一的特点，通过肢体语言，达到修身的目标。"明德"具体运用之一则是技击对抗，也是"养勇""知止""养浩然正气"入手，从肢体动作出发，完全贴近实用的特点，通过"拳道"的实际修养，达到修身至道的目的。

第四章 炼体证道：实战技理对太极散手功夫修炼的启示

太极散手是独具特色的技击功夫，更是太极拳的生命和精髓所在。时代发展，需要反思传统，呼唤技术和文化的创新和发展。传统有思想动力的功能，也有精神负荷的压力。时代对于太极散手技术和文化体系的构建，需要把思维的触角透出传统的旧有框架，将主体活动融入到多方位的社会实践。这意味着，不能再用传统尺度审判现实，而是需要用现代的眼光剥离传统，从本体价值、技击理念和技术重构三方面出发，"探究挖掘技术和文化核心价值，重构和完善太极散手技术和核心价值体系"[①]。这是太极散手技术和文化传承与发展的必经之道，从而避免陷入"到底不知因色误，马前犹自买胭脂"的自设泥潭。

第一节 价值重构

太极散手和套路运动体现的核心价值观是中国的传统文化，本质

---

① 李忠京. 中国传统武术技击对抗模式的异化与回归[J]. 中国体育科技，2013，49（2）：65-68.

第四章 炼体证道：实战技理对太极散手功夫修炼的启示

是体现武术的攻防技击。由于现代竞技武术价值观的偏离，导致武术运动发展的瓶颈，太极运动也是如此。此时，就需要时代呼唤太极本源价值的回归。从美学角度出发，太极散手是"言""象"和"意"三者紧密联系的有机整体。"意"指本源价值，即在修炼太极攻防技击动作的过程中将"内圣"与"外王"有机结合起来。"内圣"指的是"养勇""知止"和"养浩然正气"[①]，"外王"则是指"技法圆融"，有较高的"武德"修为，最后到达"天人合一"的境界。站在中国古典哲学角度上来讲，就是用外在的肢体语言动作，来建构自身的"经验心"，提高自身的能力[②]。

一、入门法则：养勇

练拳给人以坚实的体魄，习武使人养成吃苦耐劳、勇于挑战自我的秉性和艰难险阻百折不回的毅力。"故天将大任于斯人也，必先苦其心志，劳其筋骨，饿其体肤，空乏其身，行拂乱其所为，所以动心忍性，曾益其所不能"。"勇"主要有三层含义：首先，面对敌人的矛刺无所屈服，不逃避，也不忍受敌人强大势力的屈辱，有睚眦必报之信念，这是古代刺客之勇；其次，"勇"指不畏惧实力高强的对手，不考虑是否有必胜的实力才进战，这是战将的"勇"，气吞山河无所畏惧；最后，"勇"指大勇，乃浩然正气的表现。孔子说："勇者，基于智；本于

---

① 杨建营，唐文兵. 武术的本质特征探析 [J]. 首都体育学院学报，2009，21（4）：420-423.

② 汤庆章. 反道而行：李雅轩传杨式太极拳奥义讲解 [M]. 重庆：重庆出版社，2015：176-189.

义；合于理；达于仁；通于道。"[①] 这种智慧仁义的浩然大勇正是中华民族文化之灵魂。

二、修习心法：知止

知止，顾名思义就是知道如何应用自身的技艺，也是遵守规律，不违反自然原理，中国武术的传承发展都是围绕着"知止"这个主题展开的。从肢体的训练入手，由知规矩而懂规矩，进而脱规矩而不离规矩，使自己的思维方式符合天地间的道理，能够理智地控制自己的欲望，也是智慧的体现。拳术修炼的规矩就是按照人体关节的天然特点而制订的，人体的生理结构决定了一个动作在这个范围内可以有完整的控制，超出这个范围，就不能发力。拳术规矩也是拳术修炼的原理，这些技击原理经过几代人的努力优化，不断完善发展，形成较为系统的理论体系。因此，他们也是民族智慧的结晶。

三、修炼目标：浩然正气

浩然正气是中国独特的文化特征表现。浩然正气是在知止智慧的基础上，应用于养勇的最终结果，更是智慧、毅力、勇气、胆魄、学识的综合体，也是中华民族的精神力量。孟子云："富贵不能淫，贫贱不能移，威武不能屈。"这种磅礴天地的精神，也是中国武侠文化中所追求的目标，更是武道修养的最高境界。浩然正气倡导侠义精神，有克制且宽容大度，不欺辱他人，但也绝对不被别人羞辱，体现了中华民族特

[①] 张山. 略谈当前竞技武术的发展[J]. 中华武术，1995，3：4-5.

第四章 炼体证道：实战技理对太极散手功夫修炼的启示

有的民族精神。太极散手的修炼过程是"术"和"艺"到达"道"的过程，"道法自然""劲技圆融"是太极散手修炼的高境界。在修炼的过程中，体验人生智慧和哲理，塑造自身高尚的品格，才是太极人追求的终极目标。

第二节　理念创新

"理不通，则艺不精"，不明拳理，思想意识就会处于盲目无从之境。拳术攻防之道在于"心欲小志欲大""智欲圆行欲方"，太极散手和套路都属于技艺，技艺纯熟才能体会武术技击之"道"。"心欲小"指知"道"理"明"，"志欲大"指修炼拳术，要求精通内家、外家拳法，内外拳道合一，内外兼修。"智欲圆者"指周到圆满的智慧，修炼"意气君来骨肉臣，意在人先，形随其后"的艺术境界。由此可知，太极散手的修炼不仅在于外部形体动作，还包括内在智慧。在熟练技术动作形成技艺的基础上，体会"道"之内涵。动作演练中，身形柔和变化似水之流动，动作往复运转，终始无端；在实战中，可以应对任何搏击赛事而且必定有最佳的表现。拳谚曰："拳练万遍艺自开。"随着时代的发展，太极拳的本体价值已经发生变化，在攻防技击本源价值的基础之上，更加追求养生价值。太极散手或者套路的技艺修炼可以用"实用也好看、健身也怡情"这一理念作为指导。

一、实用好看

太极散手和套路都是对太极拳技击的情感性描述，也是两种技击艺术再现的途径。太极散手技术动作或者套路演练形式都必须符合人们的审美情趣，体现太极拳攻防技击的规律。技术动作在体现掌握技击本质的基础上还需要体现"形美"。形美具有一定的规律，著名的哲学家毕达哥拉斯提出"美是和谐比例"，武术之美体现在动作规格、演练的协调一致以及劲力等层面。例如"白鹤亮翅"这个动作的演练，要求步法平稳，上下肢动作保持协调平衡，劲力节节贯穿，动作圆润。在讲述动作的过程中，既要讲述动作演练的要领与方法，还要讲述其内在的攻防技法和原理。将"练为看"和"练为战"两种价值诉求紧密结合在一起。例如，白鹤亮翅招法在散手中的运用，需要明白左手按的重要目的是防守对手腿的攻击，右手在防守的同时还含有攻击的意识。动作演练中贯穿着攻防意识，才会有"灵魂"，才会体现出"神韵"。正如拳谚曰："练的手眼身法步，习得精中奥妙神，打的千变万化。"

二、健身怡情

《易经》记载："天行健，君子以自强不息。"体现了中国传统的健身养生观。现代武术运动的发展需要灌输"健身怡情"这个理念，太极拳作为一种独特而全面的健身手段，它的训练功法和中国传统的导引养生术有较为紧密的联系。拳谚曰："内练精气神，外练筋骨皮。"现代社会，人们的工作压力较大，生活节奏较快，需要节约时间，必然会寻找一种合理的健身方式，这种健身方式可以不受时间、场地的限制。太极拳相比较其他运动项目，具有自己独特的优势。其拳种较为丰富，对于场地没有特别严格的要求，通过深入挖掘整理不同拳种中的精华动作，相互借鉴、互相补充，以达充分发挥太极健身的价值及目的。在健

第四章 炼体证道：实战技理对太极散手功夫修炼的启示

身的基础上，还应注重陶冶人的情操。"正、清、静、和"四字可以来概括人的情操修炼法则，简言之则为"身正、神清、心静、气和"。

"正"，儒家讲究正心诚意。在拳术修炼中，"一无所偏即为正"。正则"致中和"，守正则不偏不倚，无过不及，庄严自有。"清"字经常用于人伦鉴赏，形容人的形态姿貌和人格情调，多与雅、淡、远和幽等一起用，也是古人对人格评价的最高标准。如孟子曰："圣之清者也。""静"指安静，也是涵养心性的主要方法。憨山大师则认为"身无外物，心中无念"则为静。拳术修炼要求动静结合，相得益彰。例如，太极拳中的"静"，这种"静"则是蕴含着无限生机和无穷动意，也是"一动无有不动，一静无有不静"的和谐有序的整体。"和"则是指和谐，平衡均匀之意。《管子》记载："畜之以道，则民和；养之以德，则民和合。"意思是讲团结就能协调，协调则能一致。"和"也是蕴含所有的意思，它是将多种对立因素调和统一。太极散手技术训练能够培养"和"的能力，这里的"和"指"中和"，是指人能将自己的情绪控制好，妥善处理各类事情[1]。此所谓"和则不争而善胜""无为而无不为"。故，"正、清、静、和"是拳术修炼的整体原则和基本要求。健身怡情还体现在心灵的教育方面。柏拉图曾经说过艺术关涉到"人性中的节制、勇敢、宽宏、高远"等精神品质，太极散手的修炼最终应该落实到人文素养的提高与个人精神面貌的提升。通过太极散手的修炼，不仅可以帮助人们认识世界，还可以感悟世界。通过对修炼者生活态度与技艺追求潜移默化的影响，从而实现太极拳的心灵教育作用。

---

[1] 姜志勇，孔珍珠. 曾国藩家风［M］. 北京：新华出版社，2016，7：43-57.

三、技术融合

在身处全球化时代浪潮和中国社会急剧转型的社会现实的双重性历史语境中，竞技体育全球化发展和外来搏击技术对武术生存空间的压缩给武术发展带来了外源性文化危机。武术动作不应该是"花拳绣腿"，也不该是"自由体操"，太极拳作为民族传统体育项目，需要恢复其本质特色，而太极拳的本质特色是击技。拳谚云："进身靠打，挨身肘发；挨膀挤靠，封裆锁脚；手肘齐发；踢近打连环手，沾身用靠无处走。"传统太极散手技法多变，运用时也依据具体情况而定，踢、打、摔、拿、推是其核心技术的体现。现代社会，世界搏击项目的发展趋势，正在向综合化方向改进。面对世界格斗术的激烈竞争，我国的武术格斗应该顺应潮流，从传统武术技法中汲取养分，对格斗技法进行重新锻造。在散打拳、腿、快摔三位一体立体基础上，将提炼、融合擒拿术、靠法技术等归为一体，推出具有中国搏击特色，也能彰显竞技体育特点的武术运动项目。太极散手是理解中国武术核心的桥梁，更是融合其他格斗技能的粘合剂。时代呼唤技术的融合与创新，在未来，期望通过太极散手这种手段的训练，能够迅速把握对手劲力运使的规律，判断对手的重心，在对抗实战中能够准确找到对手的漏洞，瞬间发放劲力制胜对手。

四、实践致用

太极散手训练是一门复杂的系统工程，训练的内容主要分为盘架、招法、劲力、功力和实战等几个层面，这几个层面是紧密联系在一起的整体。盘架，目的是为了掌握基本的技术动作；招法训练，则是在掌握

第四章　炼体证道：实战技理对太极散手功夫修炼的启示

动作的基础上系统地学习动作的实战用法；劲力与功力修炼是相辅相成的两个方面。拳谚曰："一力降十会，一巧破千斤。"假如只是学会技术方法，缺乏功力基础和实用性的虚假化发，在实战中则会落败成为笑柄。因此，太极散手的真功夫训练，应该是经过盘架、招法、劲力、功力、实战等过程，循序渐进以逐渐提高实战水平。

（一）盘架

太极散手是一项"四两拨千斤"的攻防搏斗艺术，它的攻防技击方法和手段是建立在太极拳本体动作之上的。"型"指的是"盘架"，太极拳动作和招法劲力技巧的训练是同步进行的。经过盘架、搭手、喂招、实战等几个阶段系统的训练和反复实践，达到"制人而不受制于人"的终极目标。"型"是太极散手训练的基础，演练要求轻灵圆活，连绵不断，刚柔相济。"型"是由不同的技击动作组合而成的具有独特风格特点的演练技法系统，作为套路要素的基本动作、组合动作是"型"训练中至关重要的内容。"型"的外向训练就是在实战思想的指导之下，通过对基本动作、组合动作的学习领会与反复训练，力争把这些基本动作、组合动作转化为套路演练意识与套路演练能力，在此基础之上根据"型"的练习可以学会正确的技术理论和知识。

由于"型"有规范的要求，也是一种约束练习，训练较为枯燥[①]。"型"的现实操作训练，要求严格遵循套路演练、技击实战的规范化[②]。通过"型"的训练，可以将所学到的合理技术灵活地运用在实战中。

[①] 醍醐敏郎. 柔道教室［M］. 台北：联合出版社，1999：14-18.
[②] 乔凤杰. 文化符号［M］. 北京：社会科学文献出版社，2014：135-145.

137

以文章来比喻实战，型与实战之间的关系可以描述为"型是文法，实战则是作文"。我们需要学习文法和作文才能写出优美的文章，同样结合实战需要，可以使技术精进。"型"在练习时，要求姿势正确、刚柔相济，想要做到这两点，需要从"松""韧"两方面下功夫。所谓"松在静中取，韧在动中求"，主要采取动静结合的方法使人体各部分达到松柔又坚韧的效果。具体做法是在沉静的基础上，在中枢神经意识的支配下，使身体内部产生对拉拔长和螺旋滚转的劲力，从外形上看仍然是轻柔、圆润。这种训练方法的优点是通过身体各部位协调配合活动，由矛盾抗争逐渐达到力出统一、生动和谐、整体机动灵活。此时训练的"劲力"既柔且刚，刚而不僵，又增加了技术动作的实用性。由上可知，通过"型"的练习不仅可以掌握各种招法动作，还可以培养周身的协调平衡能力和力量素质，为以后的太极散手实战功夫打下良好的下盘功夫。

1. 立身中正，身备五弓

"不偏不倚，无过不及即中正之谓。"[①]太极拳动作在练习过程中要求，身体姿态自然中正，不可歪斜摇摆，前俯后仰。身法中正，"盘架"时无论是前进、后退、左旋、右转，身体四肢动作上下成一条垂线[②]。《太极拳十三式行功解》记载："立身中正，方能支撑八面。"太极拳根据人体生理结构特点，将人体看成五张弓，身体为主弓，两手臂和两腿为四张辅弓[③]。"身弓"以腰为弓把，以颈椎第

---

① 冯志强. 陈式太极拳入门 [M]. 北京：人民体育出版社，1984：14-15.
② 唐豪，顾留馨. 太极拳研究 [M]. 北京：人民体育出版社，1992：60-61.
③ 王凤鸣. 太极推手技击传真 [M]. 北京：人民体育出版社，2005：27-28.

第四章 炼体证道：实战技理对太极散手功夫修炼的启示

一节和尾闾骨为弓梢，上下对称，始终中正；"手弓"以肘关节为弓把，以手腕和项下锁骨为弓梢，肘关节要求松沉；"腿弓"以膝关节为弓把，以胯骨和足跟为弓梢；"足弓备"，膝关节微微前倾，做到"身备五弓"身体才能保持中正安舒，劲力才能保持整体性。做到"身备五弓"须从以下几个方面着手：

（1）含胸拔背

含胸也称为"涵胸"，即两肩胛骨和两臂向前、向外展送，胸腔自然内收[1]。含胸就是胸部的运化和蓄势[2]，胸略内含，胸部自然含虚，此所谓"胸虚腹实"。拔背者，使背部微如弓背之突出，拔背有利于身体保持中正安舒。《太极拳十要》言："含胸者，胸微内涵，拔背者，气贴于背。"含胸与拔背是紧密联系在一起的，当胸部微微内含时，背部肌肉向下松沉，拔背是胸略内含时，背部肌肉往下松沉，脊柱保持自然正直，脊柱连着上下躯干，牵挂着四肢百骸。如果把人的骨骼比作房屋的木结构，那么脊柱就是关键和枢纽的部分[3]。拔背一方面可以使肩背肌肉得到更多的舒展；另一方面在主宰于腰的条件下，与腰配合带动四肢的运动，从而使全身"一动无有不动"；再次，有利于维持身体姿势和动作的准确性以及中正安舒。含胸的目的实为蓄劲和化劲；拔背的目的则是为了放劲，在技击上二者是蓄发相变的关系。

---

[1] 李秀. 杨式太极拳精讲［M］.北京：北京体育大学出版社，2012：93-94.
[2] 何轶群. 太极求真录［M］.合肥：安徽师范大学出版社，2013：125-126.
[3] 关玥. 拳意禅心［M］.太原：山西科学技术出版社，2015：65-69.

（2）沉肩坠肘

沉肩坠肘也称"肩撑肘坠"[①]。"沉肩"要求肩关节松开下沉，锁骨平准，微微下沉，肘关节保持适度的弯曲和松沉。"肩垂"则臂松劲活，"肘垂"则两臂自圆。沉肩坠肘是太极拳身法的基本要求，"沉肩"和"坠肘"是不可分割的两个方面，动作要求也是相辅相成的。具体来说"沉肩"时"坠肘"，肘尖有意识向下松沉，正如陈鑫所说："此肱之枢纽，灵动所关，不可不知。"[②]沉肩坠肘时要注意肩窝要撑，留有空隙和弹性，腋下好像放着两个弹簧，两臂如在弹簧之上，被弹簧力支撑起来，随高则高，随低则低[③]。进攻时，能发出弹簧性的弹力，这种内在的弹簧劲，似棉裹铁，柔中寓刚，发如刚锉。这种能力在静时含而不露，动时得机则显。盘架，每势定式时，肩与胯成一条垂线，两肩松沉，并微微向前合，达到"有气贴脊背"之意。肩关节为周身劲力运转的枢纽，沉肩坠肘有利于劲力之运使，使周身轻灵圆活。

（3）圆裆松胯

盘架，要求裆、胯要圆。胯指髋臼连接处及其周围肌肉组织，两胯构成的拱形内弧即为裆[④]。"圆裆松胯"是调节"腿弓"的重要要求，"松胯"指的是大腿内侧肌肉微向后内撑，两膝向内微扣。"圆裆"是太极拳练习时的一个重要要领，屈膝圆裆，有利于增加双腿活动的幅

[①] 周向前. 论内家拳中的沉肩坠肘、含胸拔背[J]. 搏击，2013，8：30-31.
[②] 王志远. 杨式太极拳诠释[M]. 北京：人民体育出版社，2005：136-137.
[③] 李万斌. 太极拳技击研究[M]. 北京：人民体育出版社，2016：146-147.
[④] 李真. 浅谈太极拳的圆裆[J]. 中华武术，2012，11：61.

度，还可使下肢保持一种稳固的状态。腰胯向下松沉时，臀部要求微微内敛，身体重心下降，两胯撑开，放宽，裆部就圆了。裆保持圆虚，重心变化时裆走下弧，意义在于保持动作圆活连贯。

2. 腰为主宰

武术界历来有"太极腰、八卦步"之说，突出了腰在拳术修炼中的重要性。拳谚曰："命系源头在腰隙。"强调了太极是用腰的技艺，始终发挥腰为主宰的作用。腰处于人体活动的中节，具有中轴转换机能，也是控制人体全身力量的操纵杆，拳式的变化、劲力的运使都需要腰的配合。腰的作用概括起来有以下几方面：

（1）腰为中枢，圆转自如

首先腰为人体的中枢，连接上肢和下肢的枢纽，也是协调上下肢运动的关键点。腰是上下肢转动的关键，对身体动作的变化以及身体重心的稳定起到主要作用[1]。立身中正、轻灵圆活是太极拳的演练特点，想要做到"一动无有不动""周身上下相随"，动作演练圆活连贯，就要求发挥腰的主宰作用。腰一动，上肢、下肢、躯干完整协调的运动[2]。肩、肘、腕是上肢动作的三个节点，三节要求节节贯穿，腰部劲力才能合理的发放出来。拳谚曰："按在腰攻。"通过腰劲带动全身劲力的发放，其他太极拳技法的运用例如採、肘、靠等也主要以腰腿劲力发放为主，这些都说明腰为劲力的源头。拳谚曰："转关在肩，运化有胸腰。"劲力传输的关键在于肩，转化靠腰脊。另外，身体和

---

[1] 唐豪，顾留馨. 太极拳研究［M］. 北京：人民体育出版社，1992：38-39.
[2] 余功保. 中国当代太极拳精论集［M］. 北京：人民体育出版社，2005：166-167.

动作的虚实转化也都依靠腰脊的带动,达到全身上下"一动无有不动"的势态。因此,腰是一身活动的主宰,起到协调上下肢体的作用。腰的要求是松、沉、直。"松沉"是为了使身体下肢稳当有力,动作运使灵活;腰"直"则要求中轴不弯、不摇晃,身体支撑八面。如《太极拳论》言:"命意源头在腰系。"所以,刻刻留意在腰间。

(2) 劲力顺达,周身透空

《太极拳论》说:"立如平准,活似车轮。"说明太极拳在练习过程中,不论拳势的高低起伏,虚实分明,上下肢动作的千变万化,均要求以腰为轴,不偏不倚。太极拳演练过程中要求松腰沉胯,腰部肌肉充分放松,动作运转灵活,劲力发放较为完整。放松腰部的目的在于在增加腿部动作稳固性的基础上,增加腰部动作活动的灵活性。《拳论》中说:"腰为车轴,气转如轮。"[1]彼方劲力运用在己方身上时,己方处处圆转,活似车轮,圆转而不滞,达到"急则急应,动缓则缓随"之境界。在太极散手对抗过程中,周身没有实点,腰部劲力运使要求松沉、圆转自如,己方周身在对抗过程中处处是圆,不仅可以保证对抗过程中不丢不顶,还可以用松柔之劲力引化对手的刚劲,实现引进落空,制胜对手的目的。腰活似车轮,主宰于腰,目的在于周身为圆,全身透空。

腰部运动是影响太极拳劲力发放和运使的重要因素,腰部的左右旋转运动也是太极拳动作虚实转化的过程,同时也是劲力转化的过程。腰部处于身体的枢纽,腰松则劲力运使圆活连贯。太极拳动作的虚实变换

---

[1] 人民体育出版社. 太极拳全书 [M]. 北京:人民体育出版社,1995:714-715.

和身体重心的虚实变化都与腰的运使有关。太极散手技击讲究一个"巧"字，遵循"舍己从人，引进落空，不丢不顶，后发先至"等原则，技击实战过程中腰如果不转，便无法做到"舍己从人"，更不能引进落空，还容易出现"顶牛""丢劲"等情况，无法达到制胜对手的目的。

"周身透空"中的"空"有两种含义：首先是指太极散手实战中劲力的运使轻灵，变化多端，周身劲力运使浑圆一体，没有实点，对手感觉浑然无迹；其次还可以当作"妙手空空，浑然无迹"来讲。《太极拳经》中说："浑然无迹，妙手空空，若有鬼神，助我虚灵，岂知我心，只守一敬。"妙手空空，说的是应敌之法皆为随机应变的神来之笔，有神妙精妙之意。这里的妙手空空，就是太极散手动作的妙用。太极散手真正的妙用不是准备好的你来我往，而是不期而然的自然反应，一定是浑然无迹。因此老子说："故常无，欲以观其妙。"精道的道理叫妙理，高明的计谋称作妙略，称赞文章之美为妙笔，那么恰到好处的效果即为妙用。"腰为主宰，周身透空"实为太极散手高深技艺之妙用的体现。

（3）形断意连，势断气连

动作演练如行云流水，连绵不断，"形断意连""势停意不停"。运动形体要求松、整、匀、轻、静，关节、肌肉要求松柔协调。身体构架要整，速度要均匀，动如抽丝，迈步如猫行。身体重心变化不露于形，起落要轻，劲意要静，似静水流深，渗之遥遥[①]。太极散手动作"势势相承，招招贯穿""势断意不断"，形式上似乎停

---

① 童旭东. 孙氏武学研究[M]. 北京：中国书籍出版社，2009：312-313.

顿，而意识仍然贯注，劲力仍然在运转。形随意动，意识和动作结合起来，绵绵不断。

（4）轻柔圆活，神气逼真

盘架，要求肢体内外放松，贯彻"用意不用力"，在心静用意的前提下，身体各个器官机能、关节和肌肉放松。拳谚曰："沿路缠绵，静运无慌。"动作演练时，动作不乱，轻灵细腻。动作的轻灵缓慢，有利于纠正和体会身体动作僵硬之处。放松也是用意的，由于意识的引导和贯注，动作逐渐协调和顺，屈伸旋转自如，逐步修炼出一种轻灵沉着的富有弹性和韧性的力量。"柔"指的是身体各个部位要柔和、顺随，没有僵力和拙劲。"圆"即环而无间，周而复始，连绵不断，开合相寓，刚柔互运，动静浑然。"活"即周身无滞，轻灵圆活。在盘架的初始阶段，"轻、柔、圆、活"体现的是太极拳动作的特点，随着技术水平的提高，"轻、柔、圆、活"会体现在用法上。出手无定向，由人而定，因势而变，在实战中表现为从容不迫。"轻、灵、圆、活"在盘架的过程中都是步步递进，环环相扣的。由轻而松，由松而柔，柔则能圆，圆满则活，"轻、柔、圆、活"则灵[1]。

其次，盘架要求形象端庄稳重，立如平准，活似车轮。外形精炼，神态大方，虚实分明，开合有致，蓄而后发，沉静雄浑。手如春风杨柳，步如风摆荷叶。轻如杨花，坚如金石。出手如棉，落手如金刚钻。意之所向，全神贯注。动作演练时，连绵不断，气势磅礴，动势中有静，静中有动，处处有意境，时时有变化。外形圆满、协调，虚实分

---

[1] 李亭全. 太极推手要论［M］. 北京：人民体育出版社，2008：116-119.

第四章 炼体证道：实战技理对太极散手功夫修炼的启示

明，变化万端，形态逼真，圆融精妙。

通过盘架，将"轻、柔、圆、活"之"体"能够在较技中体现出来。盘架时，外在的动作要求做到刚柔相济，刚而不僵，柔而不软。柔而不软需要在"韧"中求；刚而不僵在"松"中求[①]。动作轻柔缓和，圆润连贯，协调自然。

（二）招法训练

1. 单式招法训练

在熟练掌握"动作"的基础上，进行拆招练习，即一个单势、一个单式练习实战用法。单一招法训练，主要是针对第一攻击中的"攻击时机"选择的一种专门练习。在有防守条件下，攻方以一个单纯的攻击动作完成攻击过程，而守方配合，不做有效地防御或者躲闪，只做受击打练习的训练方式。

（1）颈部以下有接触点的击打动作单式练习

在肘、拳、掌或前臂沾住对方的肢体，用拳、掌、勾或臂肘击打对方的胸、腹、肋部。在此条件下，主要采用掤、捋、挤、按、採、挒、肘、靠等技击方法制胜对手。因此，以上招法的单式训练则是动作训练的重点内容。

[①] 姜周存. 论太极推手拳架与劲力的训练方法［J］. 山东师范大学学报（自然科学版），1999（3）：321-323.

（2）上肢接触的攻防过程中可以采用腿部粘贴的衬、套腿法动作单式练习

在对抗过程中，当双方上肢有接触时，衬、套腿法可以使用勾、拦、拌、挂、别、崩、带等几种腿法，以上腿法的单式训练则是训练的重点内容。

2. 组合招法练习[①]

在熟练掌握单式动作的基础上，将挒、挤、勾、挂、採、捌招法动作进行组合练习，这一阶段主要形成组合招法。在训练过程中，招法动作练习要求连贯、清晰，运用熟练，逐渐形成自己的特长技术动作。例如拿打结合方法的训练，乙方进步冲拳，甲方用採、拿、捌、肘等招法发放对手，如图8所示[②]，乙方冲拳进攻甲方前胸右侧，甲方顺势用左手採、拿乙方右手腕，然后甲方右臂横捌乙方右前臂外侧，乙方下蹲后撤时，甲方右臂逆缠丝外旋捌肘，将乙方发出。例如挒法与擒拿方法的组合训练，如图9所示[③]，乙方上右步，用右掌推击甲方胸部，甲方后撤右步闪身让开，同时用右手从乙方右手背处挒、拿乙方右手指，同时左手从乙方右臂外上方向下切压乙方右肘关节外侧，甲方右手顺缠丝推按、折叠乙方右手掌，使乙方右手臂受折叠而处于

[①] 姜周存. 论太极推手拳架与劲力的训练方法［J］. 山东师范大学学报（自然科学版），1999（3）：321-323.

[②] 马冀贤. 论太极拳八法在推手中的运用［D］. 济南：山东师范大学，2014.

[③] 马冀贤. 论太极拳八法在推手中的运用［D］. 济南：山东师范大学，2014.

第四章 炼体证道：实战技理对太极散手功夫修炼的启示

背势；又如靠法、肘法、打法组合练习，如图10所示[①]；採法和拿法组合练习，如图11所示[②]。

图8 採法、肘法、捌法组合运用训练

图9 捋法与拿法组合训练

---

① 马冀贤. 论太极拳八法在推手中的运用 [D]. 济南：山东师范大学，2014.
② 马冀贤. 论太极拳八法在推手中的运用 [D]. 济南：山东师范大学，2014.

图10 靠法、肘法结合训练

图11 採法、拿法结合训练

3. 劲力训练

劲力训练是太极散手训练的关键,也是提高实战水平的重要手段。训练的方法主要有"粘黏劲"训练、"听劲"训练、"接耗劲"训练和"综合劲力"训练等[1]。

---

[1] 姜周存. 论太极推手拳架与劲力的训练方法[J]. 山东师范大学学报(自然科学版),1999(3):321-323.

第四章　炼体证道：实战技理对太极散手功夫修炼的启示

（1）"粘黏劲"训练

"粘黏劲"是知己知彼的重要手段。"粘黏劲"可以把对手的招法变化和劲力的大小、刚柔、虚实度量得毫厘不差。由此可知粘黏是"听劲"的方法。在实战过程中，"粘黏劲"用的好坏，直接决定了攻防实战主动权的掌握问题。"粘黏劲"过紧，"听劲"就差，反应会迟钝、力量呆板、反应缓慢等；"粘黏劲"过松，又会犯"丢"病。"丢病"是由于在实战中没有掌握粘黏的技术要求，没有做到粘黏住对手的肢体，或者跟不上对手招法劲力之变化。因此，"粘黏劲"训练显得尤为重要。"粘黏"劲力训练一般采用定步、活步、合步双推，如图12所示[1]，等几种练习形式来进行训练。例如合步双推招法动作训练。甲乙双方右脚在前，合步站立，双方均以右手腕搭手，乙方左手掌搭于甲方右肘外侧，双手推按甲方，甲右臂先顺缠丝下引，化掉乙方推按之劲，同时双手旋腕翻掌，以右手推乙方右手腕，左手托乙方右肘，甲方随着乙方动作向后引化，双手推按乙方右臂，将乙方推出。合步推手的过程中，甲方和乙方要求不丢不顶，随曲就伸。该动作主要是提高"粘劲"和"黏劲"，要求能黏住对手。想要黏住对手，要求"粘黏"劲里面始终贯穿着"掤"劲。"掤"有向外撑之意，这样己彼方能"粘黏"在一起，在攻防实战中进行各种招法和劲力的变化。"掤"也成为衬托劲，常用水来比喻，如"水能漂浮落叶，也能负起巨舟"。"粘黏劲"是太极散手劲力训练的基础，在开始训练时，"掤"劲不能大，太大则会

---

[1] 马冀贤. 论太极拳八法在推手中的运用［D］. 山东师范大学，2014.

犯"丢"和"顶"的毛病。在熟练掌握"粘黏劲"的基础之上，可以进入下一层次劲力的训练。

图12　顺步双推手

（2）"听劲"训练

"听劲"的实质是对敌方攻击的判断，己方和彼方搭手，彼方欲发"劲"将己方击出，己方想要防守反击，必须对彼方攻击做出准确的判断，判断彼方使用什么样的招法、劲力方向和大小。"听劲"训练主要是通过敌我双方肢体的触觉来感应对手的劲力变化，双方依据对手劲力的变化，采用适当的技法和劲力。"听劲"训练可以通过"喂招""摸劲"等手段进行。

"喂招"指在教师的指导帮助之下，按照某种固定程序进行适应性的攻防练习。敌我双方，一方通过主动进行劲力变化，目的是控制对手；另一方主动因势而变，被动化解对手的劲力，双方可以进行交换。有条件时，功夫高的教师，可以"喂招"给学生，有意增加劲力的重量，逐渐提高招法的难度，以增长学生的对抗能力和承受打击时的"接劲"能力。"喂招"的教师应该随时指出化解、还击的方法，以自身为实验对象，给学生当活靶，实验劲力和招法，随时纠正错误动作。通过言传身教，培养学生掌握灵活多变的招法动作，熟练掌握攻防招法运用的时机和劲力运使的规律，从而体验劲力运使的原理，使招法和劲力纯熟，逐步达到实战的要求。

（3）"接耗劲"训练

在"听劲"的基础上，可以进行"接劲"和"耗劲"的训练，"接劲"能力的高低直接决定了在太极散手实战中是否能够得机得势。拳谚曰："动急则急应，缓则缓随；不丢不顶，来叫顺送。"由此可知，在散手实战中，"接劲"时要求避免"顶、匾、僵"等病，讲究"顺、随"。"接耗劲"训练一般采用"散推"的方式进行有针对性的训练,"接劲"训练一般存在以下几种情况:首先,对手采用身体上肢或任意部位发力攻击己方,己方身体与对手接触,己方能够从容接住对手之劲力;其次,敌我双方肢体接触以后,己方能够引进落空,将自身之劲路与对手劲路结合起来,从而通过知己知彼,控制对手,以借力打力;再次,己方劲力发放以后,可以将断裂的劲路或新一轮劲力对抗产生的断点结合起来,有利于新一轮劲力的运使与发放。"接劲"可以分为"实接"和"虚接"两种技法,"实接"即"舍己从人",当对手攻击己方时,让对手的劲力和招法打实,然后破坏敌我双方之间的平衡,化解对手的招法和劲力;"虚接"则是"引进落空",当对手攻势很猛时,己方虚势以待,不丢不顶,引诱对手发猛力攻击己方,己方顺势借力,使对手劲力落空,攻势自解。

"接劲"训练是技击实战训练的初始阶段,"接劲"训练也是需要在专门的教师指导之下,先进行有目的的"接劲"训练,理清"劲点""劲路"和"劲源",可以从容熟练的掌握"接劲"技术,在实战中做到"粘连黏随,不丢不顶",这样就可以进入到"耗劲"训练阶段了。"耗劲"训练是指敌我双方身体接触以后,用最大力量进行静力性的对抗练习,进行长时间的"耗劲"练习。通常情况下,常在静力条件下进行招法训练,例如捋劲、挤劲练习,如图13所示[①]。"耗劲"训练时,要求尽量放慢动作速度,持续的时间尽量延长一些,这样可以充分训练对抗后的耐力。

---

① 马冀贤. 论太极拳八法在推手中的运用[D]. 济南山东师范大学,2014.

第四章 炼体证道：实战技理对太极散手功夫修炼的启示

图13 捋、挤法的耗劲训练

（4）"综合劲力"训练

在训练过程中，将滚、旋、钻、撑、磨、合等劲力综合运用对抗的训练称为"综合劲力"训练[①]。滚、旋、钻等劲力的运使，体现了转旋出击；撑、磨、合等劲力体现了转旋向外开。在训练过程中，这六种劲力综合运用，可以产生许多变化无穷的作用。这一训练过程中的劲力训练，更加接近于实战训练。劲力运使，可以随心所欲，六种劲力完整一气，浑然一体。与对手对抗时，可以做到不丢不顶，来叫顺送，不思而得，一放即出，使对手即刻丧失继续战斗的能力。"综合劲力"训练的目的在于使修炼者具备实战技击功能，能够适应各种形式的搏击对抗。

"综合劲力"训练，本身没有固定模式，而是要求通过六种劲力的综合运用逐步掌握变化多端的劲力和招法。在一种招法中，务求包含不

---

① 姜周存. 论太极推手拳架与劲力的训练方法［J］. 山东师范大学学报（自然科学版），1999（3）：321-323.

太极散手技理探究

同的内蕴，体现在相同情况下则有多种劲力变化，做到一招多变。从劲力的角度讲，"採劲"中是否蕴含旋、钻、撑劲则至关重要。在此阶段对于劲力的运用和掌握要求更为精深，所谓"运用之妙，存乎一心"。劲法运用形成自然本能，在任何形式下都将可以运用自如。例如四正手推手捋，如图14、图15所示①，甲方和乙方右脚在前，合步站立，右手腕相搭，左手按于对方右肘外侧；乙方双手捋甲方右手腕，甲方左手收附于右肘窝内，甲方左手贴附于乙方右肘，与右臂合力挤乙方；乙方顺甲方劲力运使的方向双手按甲。

图14 双搭手、乙双手捋甲、甲方挤乙方

图15 乙方双手按甲、甲方挤乙方

① 武世俊. 太极拳实用技击法 [M]. 北京：人民体育出版社，2002：59-63.

第四章 炼体证道：实战技理对太极散手功夫修炼的启示

合步推手的过程中，无论从任何方向攻击，甲方和乙方都可以用掤劲承接来势。在此过程中，挤劲、按劲、掤撑劲综合运用，通过"综合劲力"训练，才能逐渐掌握太极散手的真谛，培养更高层次的体悟。

（5）"功力"训练

"功力"指的是有效地发挥搏击技术的能力。特指习武者通过特殊训练而获得的、具有控制和变化能力的搏斗能力，是习武者神意气力和智慧高度结合的表现。拳谚曰："拳家功夫真，力大强十分；练拳不练功，到老一场空。"由此可以看出，"功力"训练对于搏击制胜的重要作用。"功力"训练主要包含两层含义：一则，指自身功力的运使和发放训练；二则，指提高自身的抗击打能力。

"功力"训练用运动训练学专业术语来代替，类似于"专项体能"训练。在历史发展长河中，太极散手功力发放和运使训练有其独特的训练方法，例如"抖大杆子"，如图16所示[①]。大杆子又名白蜡杆，是由2.5～3米长、3～5厘米粗的白蜡圆木做成。练白蜡杆，可以单人练也可以双人对练，杆子重量可以依照功夫程度而增加。这种方法方便宜行，不仅能增加浑身肌肉的韧性，还能增加劲力发放的灵活性，防止笨拙，有效提高功夫，所以常见有些前辈"大杆子不离手"。"抖杆子"有两种方法，第一种，先以马步站定，两手握枪杆，右手小指与枪把底部齐平，左臂伸直，枪杆紧贴胸部，左手逆缠丝拧枪杆，做拦枪动作，然后顺时针方向做拿枪动作，成左弓步，同时右手用力向前推枪做扎枪动作。第二种，仍然以马步或弓步站定，用手提枪上挑或上崩枪时身体向

[①] 武世俊. 太极拳实用技击法［M］. 北京：人民体育出版社，2002：26–27.

后坐，成高仆步；下劈枪时身体向前成弓步。或者双手平举枪，枪杆紧贴胸部，然后左右横拨。长期练习，能更好的协调全身整劲，有效提高身体腰腿和手腕的功力。清代杨露禅功力过人，素有"杨露禅推车—平端"之说，形容其功力高深。

图16 抖大杆

除了以上传统的"功力"训练方法，桩功也是提高功力的有效方法和手段。"功力"训练依赖于"固态"桩法和"技击"桩法，通过两种桩法的训练，对功力的运使与发放主要有以下作用：首先，中线发力，"一身备五弓"，躯干外撑内扣；其次，身体撑拔，向任意角

第四章 炼体证道：实战技理对太极散手功夫修炼的启示

度旋转或者移动时能够做到整进、整退，此时周身上下，劲力身法融为一体；再次，通过桩法训练还可以对身体肌肉进行有效的控制，最大限度地将身体肌肉力量汇聚于一点发出。当前最有代表性的桩功训练方法是"三体势"，"三体势"是"固定"桩法和"技击"桩法的合一，如图17所示[①]。

图17 三体势桩法

桩功训练的目的在于训练任意移动的"整一"，同时将周身蓄积的力扩张到最大值，同时中线发力。桩功训练可以有效提高"整体劲力"的发放，由"整体"而形成所有力量整合，凝聚了任何角度和方向，实现周身一体的混沌之"整"。桩功的重要功力阶段之一就是身体任何一点都是"整体劲力"的发放，即使一个指尖的力量与全身"整劲"别无二致。柔道大师板垣一雄与孙禄堂比武之时，花甲之年的孙禄堂只伸出

[①] 武世俊. 太极拳实用技击法［M］.北京：人民体育出版社，2002：6-9.

一个手指，板垣一雄用尽各种招法仍然无法搬动一指，原因在于"整劲"的运用。拳谚曰："周身用力，头如顶千钧，颈如搬树转；肩膀如铁，浑坚而陡来；前手如推石柱，后手如扯拗马；前脚如万斤之石压，后脚如门闩之坚抵；身如泰山无可撼。"上述乃周身用力的妙法，太极散手攻防变化之巧蕴藏在此周身用力之妙法中，周身用力，即整体劲的发放。

整体劲力发放如震雷、如山之崩塌，出乎人之意料而疾如闪电。动起来如决堤之水一泻千里，劲势如火药爆炸，使人不及掩耳。劲力攻防变化不假思索，有感而应，触而随势而发。例如"崩拳"，整体劲力需要体现顶、拧、磨、翻、蹬、猛、顺、透、绝等特点。顶：周身上下都有向前顶的劲力；拧：指增加凝聚力的作用，像拧麻绳似的，把分散的劲力凝聚在一起，形成一个整体的合劲；磨：两肘和两肋以及两手都必须有互相摩擦的劲力；翻："出手要钻，落拳要翻"，拳法既有向里的拧转劲，也要有向前下的钻劲；蹬：前后脚要蹬，从而催发身体向前的冲劲；猛：突如其来，迅猛异常，出其不意，攻其不备；顺：出拳时，要求意、气、劲、力都要顺，出拳要求直而平顺，臂要拧而顺发，身要挺而弩发，形要舒展大方，功力发放则要求横劲竖发、曲中求直；透：出拳如利箭，要有穿透物品之狠，迅雷不及掩耳之猛，势不可挡之凶；绝：刚中有急，急中有刚。由此可知，功力的运使具有自己独特的风格特点，需要理法然后修炼，才能运用得得心应手。

在具备较高的"功力"基础之上，还需要提高自身抗击打能力。"若非此身成铁汉，掷地何来金石声"，通过抗击打能力的训练，身体各部位均可经得起拳打脚踢，犹如打足气的汽车轮胎一样，抗压力较强，对手用力越大，反弹力越强。例如传统武术训练方法中的打木

第四章　炼体证道：实战技理对太极散手功夫修炼的启示

人桩，通过训练，短时间内可以把身体练成一个抗击打能力很强的活肉靶。其次，还可以借助沙袋辅助训练，身体的任意部位都可以撞击沙袋，在意念的支配下发力，可以使用肩膀靠、胸靠、肘击、背打，如图18所示[①]。通过沙袋的辅助练习，无论采用何种姿势都可以顺势发力，劲力发放要求精力高度集中，形体松柔沉稳，周身一体。

图18　肩靠、背靠技法训练

太极散手"功力"的修炼，崇尚外柔内刚。劲力要求体现可伸缩性，做到刚柔并济，拳谚有云："滑如冰凌黏如胶，软如棉花硬似铁。""功力"训练不单纯是蛮力训练，更是力量与技术的巧妙结合。

（三）应用训练

在熟练掌握太极散手技术基础上，通过劲力和功力训练，逐渐体会

[①] 武世俊. 太极拳实用技击法［M］. 北京：人民体育出版社，2002，6：18-19.

劲力运使的精巧和微妙，然后在应用中体会"借力打人"和"应敌犹如火烧身"的真实感受，深刻体会太极散手实战中的精妙感觉。因此，应用是感悟太极散手精髓的最佳练功方式。

1. 约束训练

约束训练是对事先设定的攻击目标，在规定的时间内做出连续攻击的练习方式。这一阶段练习，攻击方要求对约定受击部位做出连续不断的攻击，而守方则配合击打，完成防守动作。在此练习中，要求攻击一方不停地反复做出动作，从基本击打方法到综合技术的运用；而防守的一方，在对方动作出现失误时，不仅完成防守，还要求给予有效的反击。

2. 综合练习

在没有约束的前提条件下，实施连续的攻防练习。这种训练方法主要包括冲击训练、等格训练[①]、比赛训练。

（1）冲击训练

冲击训练，是以一方任意的连续攻击为特征的训练方式。在这种练习中，一方以连续的招法向另一方发起持续的攻击；而另一方做出防守或受击打。与约束训练不同，冲击训练没有预定目标，也没有固定攻击招法，只是在短时间内一鼓作气，做出激烈攻击的练习。在练习中，攻防应依据指导者的反应，相应地做出各种动作，由于攻守双

---

① 白长明. 现代剑道［M］. 上海：上海教育出版社，2007：255-256.

方角色在不断更换,这种技术和心理的实践将会给受训者留下刻骨铭心的记忆和收获。其次,通过冲击训练,还可以培养强大的冲击能力和耐久的体能。

(2)等格训练

等格训练是指攻守双方施展所有的技能,不论胜负,均可以采用踢、打、摔、拿等招法反复进行攻守、击打、躲闪等技法的持续练习。这种训练的目的在于检验自身所掌握的技术在实战中的效果,有利于培养顽强不屈、敢打敢拼的精神。等格的含义是指技能水平相当,等格训练可以分为两种形态的训练方式。

一是对应技术水平相当的人的训练。训练过程中,要求开始就用全力的连续攻击,无论是攻击或者防守反击,都要求抓住转瞬即逝的良机,运用连续招法攻击对手。在这种练习过程中,要求保持较快的速度和冲击力。"形神合一"也是击打技术的关键。要求技法精妙,形神兼备,避免简单的搂抱和击打技术,招法运用要求注重体现太极散手技术的精妙。

二是对应技术水平较高的人的训练。在此训练过程中,尽全力做出连续的攻击。在思想意识上面,必须要视之为等格练习,避免受到对手气势和技术优势上的压迫而丧失自信心。在和高水平对手对抗的过程中,才能提高技艺水平,才能有效评估自身的真实水准。

(3)比赛训练

比赛训练的目的是为了积累比赛经验,增强心理承受能力。在平时训练的过程中,可以安排一些小型擂台赛,比赛时,采用循环或者淘汰的方式，以提高和激励学员的竞争意识和荣辱感。但这只是一种过渡方法，为了让习练者适应临场竞赛，正规的模拟实战比赛必不可少。从心理学角度来讲，凡是比赛就会有胜负，学员需要保持积极的心态，妥善面对社会评价和个人得失，全身心投入到比赛中去，合理布置取得比赛胜利的对策，加强应对比赛的能力和责任心，逐渐提高实战技能水平。

小　结

太极拳作为传统武术的代表拳种之一，招法多变，拳理深邃。透过太极散手这一外在的"技艺"表现，探究其内在之攻防原理，不难发现：阴阳为其拳理建构之基础，招法之中始终贯穿着阴阳变化的思维模式；太极散手招法简洁，"势正招圆"，发力完整；讲究"门轴规律"的运用，攻防过程中要求"占中"，然后"破中"；提倡"入身"，讲究劲力的运使，在粘连黏随中不丢不顶，来叫顺送，四两拨千斤。太极散手功夫，理法精密，功在实践。太极散手的真功夫训练，应该是先求"巧"（高超技法），再求"力"；练好功力的同时，结合高超技法，进行科学系统、踏踏实实的训练才会有成果。此所谓"用功来武装技法，以技体现功力"。假如只是学会技术方法，缺乏功力基础和实用性的攻防训练，在实战中则会落败成为笑柄。

结　语

　　太极散手与散手在运动形式和内涵方面均存在差异。太极散手在运动形式上面体现出环中圆化、缠丝螺旋的特征；在内涵方面则体现出控中带打、占中破中的实战理念。太极散手与国外格斗术的区别在于：首先，哲学理念不同，国外格斗术讲究矛盾的对立，太极散手则体现出矛盾的对立统一规律；其次，在运动形式和实战理念方面存在差异性，太极散手招法讲究螺旋、缠绕、圆弧、转化，国外格斗术的进攻以直线为主；太极散手实战理念的核心思想是控制、破坏对手的重心，制人而不受制于人，国外格斗理念则不同。

　　太极散手实战具有自身独特的审视之法，通过触觉结合听觉和视觉来判断对手劲力的变化情况，对对手的招法进行详细审查，具体的表现形式为"听劲"。太极散手实战中对于"听劲"的把握，目的在于了解和把握敌情，通常采用视听法和触听法两种方法。在实战过程中，"听劲"主要有三个方面的作用：首先，是分辨对手攻防之变化；其次，在于寻时知机，寻找攻防的最佳距离；最后，探知对手的身体重心，判断对手招法的路线及变化。

　　在"听劲"的基础之上，通过"懂劲"来完成具体操作。"懂劲"包含内和外两层含义：内在指明确太极散手实战中阴阳变化之规律，即攻防对抗矛盾的两个方面；外则是从"劲源""劲别"和"劲点"出发，熟练掌握劲力运使和发放的规律与方法，在实战中，准确把握对手情况的条件下，制胜对手。太极散手作为一种文化现象和技艺，站在哲学的视角、精神升华的角度理解，太极散手技理"道"的层面的修炼则是修心、养性、悟道。

太极散手运动训练的核心内容主要包括盘架、招法、劲力、功力和实战等几方面。太极散手是一项"四两拨千斤"的攻防搏斗艺术，它的攻防技击方法和手段是建立在太极拳动作之上的。"盘架"是由不尽相同的技击动作组合而成的具有独特风格特点的演练技法系统。"劲力"训练是太极散手训练的关键点，也是提高实战水平的重要手段。训练的方法主要有"粘黏劲"训练、"听劲"训练、"接耗劲"训练和"综合劲力"训练等。"功力"指的是有效地发挥搏击技术的能力，主要有两层含义：首先，指自身功力的运使和发放；其次，指自身的抗击打能力。

当今社会飞速发展，人们更加注重实效性和珍惜时间，需要打破"拳练千遍其意自现"的误区，研究科学的、高效率的训练方法，将太极散手实战功夫凝练成简单实用的招法，让修炼太极散手功夫的人能够在较短时间内掌握技术，同时具备较高的实战功夫。在此背景条件下，精炼传统太极拳技法，融入现代格斗体系，才能使太极散手的技击理念得到大家的认可。

太极散手实战理论的构建，包含着对过去实战理念的融合与创新，需要靠比赛实践去检验。在太极散手实战理论的指导下，从难从严训练，将踢、打、摔、拿、推相融，通过实践—认识—实践—再认识，勤学苦练，使得培养出的高超技艺人才在与世界其他格斗项目交流过程中能获得优异的比赛成绩，以此来凸显太极散手的高超技术，为世人所认同，这是未来努力的方向。

由于实验对象和实验条件的限制，太极散手技理探究中缺乏了生物力学科研成果支撑这样一个重要章节。故，构建一个可操作性、简洁性的模型，对攻防实战中的动作力量、动作速度、反应能力、打击力度、大脑神经系统的调节控制能力等进行分析，使静态研究转向三维立体的动态研究是时代发展的要求，更是太极实战原理科学化的诉求。今后，我们会在此研究基础上继续进行探索。

主要参考文献（专著）

1. 陈鑫. 陈氏太极拳图说［M］. 太原：山西科学技术出版社，2006：11-19.

2. 周立升. 两汉易学与道家思想［M］. 上海：上海文化出版社，2001：197-199.

3. 马宗军.《周易参同契》研究［M］. 济南：齐鲁书社，2013：26-148.

4. 李晶伟. 太极与八卦［M］. 天津：天津大学出版社，1989：65-175.

5. 王弼注，孔颖达疏. 周易正义［M］. 北京：北京大学出版社，1999：23-24.

6. 张其成. 张其成讲读《周易》象数易学［M］. 南宁：广西科学技术出版社，2009：206-207.

7. 郑万耕. 易经与哲学［M］. 上海：上海科学文献出版社，2013：134-137.

8. 张岱年，程宜山. 中国文化与文化论争［M］. 北京：中国人民大学出版社，1990：145-391.

9. 杨儒宾. 中国古代思想中的气论及身体观［M］. 台北：巨流图书公司，2009：71-75.

主要参考文献（专著）

10. 张岱年. 中国哲学大纲（第2版）[M]. 北京：中国社会出版社，1982：25-27.

11. 北京大学哲学系中国哲学教研室. 中国哲学史[M]. 北京：北京大学出版社，2003：27-37.

12. 许禹生. 太极拳势图解[M]. 太原：山西科学技术出版社，2006：7-8.

13. 杨东玉. 覃杯现象与中国哲学流派[M]. 北京：北岳文艺出版社，2006：96-397.

14. 钱穆. 中国思想通俗讲话[M]. 上海：三联书店，2002：3-4.

15. 罗军. 中国人的文化仰望[M]. 北京：中央编译出版社，2016：38-40.

16. 纳日碧力戈. 民族三元观：基于皮尔士理论的比较研究[M]. 北京：民族出版社，2015：113-114.

17. 阮纪正. 中国传统文化论稿[M]. 广州：广州出版社，2015：110-113.

18. 李印东. 武术释义：武术本质及功能价值阐释[M]. 北京：北京体育大学出版社，2006：99-117.

19. 王卓然. 武术学[M]. 太原：山西科学出版社，2011：6-28.

20. 吴松. 中国武术艺术论纲[M]. 北京：北京体育大学出版社，2016：34-68.

21. 李仁柳. 吴式太极拳基础[M]. 上海：上海科学技术出版社，1989：16-39.

22. 孙福全. 拳意述真[M]. 北京：中国书店出版社，1988：30-70.

23. 庞大明. 杨式太极拳用法解要［M］. 北京：北京体育大学出版社，1998：24-98.

24. 栗子宜. 杨式大架太极拳械推手［M］. 成都：四川科学技术出版社，1998.

25. 焦建国.《拳经》今释［M］. 太原：山西科学技术出版社，2016：45-76.

26. 苏耘. 太极散手技击法［M］. 北京：北京体育大学出版社，1995：24-59.

27. 王海洲，严翰秀. 杜元化《太极拳正宗》考析［M］. 北京：人民体育出版社，2000：29-98.

28. 沈寿. 太极拳走架推手问答［M］. 北京：人民体育出版社，1997：24-35.

29. 二水居士. 太极法说［M］. 北京：北京科技出版社，2016：14-32.

30. 李仁平. 太极拳经典技法实战攻略［M］. 北京：人民体育出版社，2012：32-45.

31. 李亦畲. 王宗岳太极拳论［M］. 北京：北京科技出版社，2016：5-29.

32. 龚建新. 太极真谛［M］. 北京：人民体育出版社，2012：9-38.

33. 孙剑云. 孙式太极拳诠真［M］. 北京：人民体育出版社，2003：7-19.

34. 顾树屏. 杨式太极拳述真［M］. 北京：北京体育大学出版社，2011：22-49.

35. 龚鹏程. 武艺丛谈［M］. 山东画报出版社，2009：9-28.

36. 邱丕相. 武术文化传承与教育研究 [M]. 北京：高等教育出版社，2011：12-38.

37. 林小美. 民国时期武术运动文选 [M]. 杭州：浙江大学出版社，2012：25-65.

38. 李晶伟. 太极与八卦 [M]. 天津：天津大学出版社，1989：17-54.

39. 郑万耕. 易经与哲学 [M]. 上海：上海科学文献出版社，2013：29-36.

40. 马学智. 跟专家练散手 [M]. 北京：北京体育大学出版社，1998：25-74.

41. 道原伸司. 空手道教室 [M]. 台北：联广图书公司，1987：14-18.

42. 罗松涛. 习文载道 [M]. 北京：北京人民出版社，2017：26-84.

43. 向怀林. 中国传统文化要述 [M]. 重庆：重庆大学出版社，2016：15-37.

44. 吴忠农. 中华擒拿术 [M]. 杭州：浙江人民出版社，1985：26-98.

45. 劳思光. 新编哲学史 [M]. 北京：三联书店，2015：25-59.

46. 封德平. 中华民族文化主体性与儒道释建设战略问题研究 [M]. 北京：宗教文化出版社，2015：58-59.

47. 成中英. 新觉醒时代：论中国文化之创造 [M]. 北京：中央编译出版社，2014：7-29.

48. 曾仕强. 中华文化自信 [M]. 北京：中央编译出版社，2016：3-4.

49. 罗军. 中国人的文化仰望 [M]. 北京：中央编译出版社，2016：7-39.

50. 姜义华. 世界文明视阈下的中华文明 [M]. 上海：复旦大学出版社，2016：132-178.

51. 叶小文. 文明的复兴与对话：叶小文谈中国文化［M］. 贵阳：孔子学堂书局有限公司，2015：46-49.

52. 姚余栋. 梅花与牡丹：中华文化模式［M］. 北京：中国金融出版社，2014：168-170.

53. 纳日碧力戈. 民族三元观：基于皮尔士符号理论的比较研究［M］. 北京：民族出版社，2015：112-119.

54. 庞朴. 文化的民族性与时代性［M］. 北京：中国和平出版社，1988：43-59.